문명사회의 대가, 세금

미래생각발전소 23 문명사회의 대가, 세금

초판 1쇄 발행 2024년 7월 15일

글쓴이 김성호 | **그린이** 이지
펴낸이 김민지 | **펴낸곳** 미래M&B
등록 1993년 1월 8일(제10-772호)
주소 04030 서울시 마포구 동교로 134(서교동 464-41) 미진빌딩 2층
전화 02-562-1800 | **팩스** 02-562-1885
전자우편 mirae@miraemnb.com | **홈페이지** www.miraei.com
블로그 blog.naver.com/miraeibooks | **인스타그램** @mirae_ibooks
ISBN 978-89-8394-967-7 74300 | ISBN 978-89-8394-550-1 (세트)

＊ 잘못 만들어진 책은 구입처에서 바꾸어 드립니다.
＊ 이 책은 저작권법에 따라 한국 내에서 보호받는 저작물이므로 무단 전재와 복제를 금합니다.

아이의 미래를 여는 힘, **미래 i 아이**는 미래M&B가 만든 유아·아동 도서 브랜드입니다.

지식과 생각의 레벨업

문명사회의 대가, **세금**

김성호 글
이지 그림

○ 머리말

하루는 세금 관련 책을 빌리려고 시립도서관에 갔어요. 심심해서 세금 책이 몇 권이나 되는지 세어 봤어요. 모두 188권이었는데, 세금을 아끼는 방법을 소개한 책이 65권이었어요. 세 권 중 한 권이 절세(세금을 절약하는 방법) 관련 책이었던 거예요. 사람들이 세금을 얼마나 부담스럽게 느끼는지 알 수 있는 순간이었어요.

미국 시카고 대학은 5년마다 전 세계 국민을 대상으로 세계 가치관 조사를 해요. 2010년부터 2014년까지의 질문은 '세금을 탈세할 기회가 생겼다면 당신은 실행할 건가요?'였어요. 놀랍게도 대부분 국가에서 부정적인 답변이 나왔어요. 특히, 일본인, 독일인, 한국인의 반대율이 높았어요. 분명 세금은 싫고 부담스러운 존재지만, 국민의 신성한 의무인 납세를 거부하는 것은 옳지 않다고 믿기 때문이에요. 뉴욕 시장을 세 번 역임한 블룸버그는 세금을 이렇게 정의했어요.

"세금은 좋은 일이 아니지만, 누구나 서비스를 원할 때는 그 대가를 지불해야 한다. 그래서 세금은 필요악이다."

문자로 기록된 가장 오래된 문서는 세금 장부였어요, 5천여 년 전, 지금의 중동지역에서 문명의 꽃을 피운 수메르인들은 진흙으로 만든 점토판에 세금으로 징수할 금과 가축 노예의 목록 등을 상세히 기록했어요. 국가는 일찍부터 세금을 거두기 시작했던 거예요.

동양과 서양은 세금을 징수하는 방법이 조금 달랐어요. 일찍 중앙집권제가 확립된 동양은 관리들이 세금을 거뒀지만, 서양은 세리라 불리는 민간인들에게 세금 징수를 맡겼어요. 그들을 세금 징수 청부업자라 불렀어요. 그리고 그들은 종종 가혹하다 싶을 만큼 혹독하게 세금을 징수해 국민의 원망을 샀어요. 군주들은 더 많은 세금을 거두기 위해 기상천외한 세금들을 창조해 냈어요. 세금 정책에서 백성들의 의견은 거의 반영되지 않았어요. 그러다 13세기, 영국 국왕 존이 무리하게 세금을 거두려다 귀족들의 반발을 샀어요. 기세에 눌린 존 왕은 의회의 동의 없이는 세금을 거두지 못하게 하는 조항이 포함된 마그나 카르타에 서명했어요. 이를 계기로 국가는 국민의 대표기관인 의회 동의가 있어야만 세금을 부과할 수 있는 오늘날의 세금 제도가 탄생했어요.

　세금은 국방, 치안, 행정, 교육, 수도, 하수도 등 국가가 공급하는 다양한 재화와 서비스를 국민이 이용하는 대가예요. 국가는 이 사용료를 부자에게는 좀 더 높은 가격을 받고 저소득층에는 저렴하게 받아서 소득 불평등을 해소하려고 해요. 하지만 소비에 매기는 부가가치세는 부자나 가난한 사람이나 같아서 오히려 빈부 격차를 심화시키는 단점이 있어요.

　세금은 종류도 많고, 세법은 두껍고 난해한 표현들로 가득해요. 그래서 많은 사람들이 세금을 어려워해요. 이 책은 그런 사람들을 위한 거예요. 모든 세금을 설명하는 대신, 가장 중요한 세금 삼총사인, 소득세, 법인세, 부가가치세 위주로 서술했어요. 여러분이 이 책을 덮었을 때, '뭐야? 세금도 생각보다 재미있네!'라고 느꼈으면 좋겠습니다. 끝으로 이 책이 나올 수 있도록 도움을 주신 도서출판 미래아이와 고향에서 언제나 응원해 주시는 부모님께 감사의 말씀을 드립니다.

－김성호

차례

머리말 … 4

Chapter 1 왜 국가에 세금을 내야 할까?
세리란 무엇일까? … 11
세금 징수 청부업자의 횡포 … 15
우리 조상들은 어떤 세금을 냈을까? … 18
마그나 카르타와 조세 법률주의 … 23
왜 국가에 세금을 내야 할까? … 27
세금이 없는 국가가 있을까? … 31
생각발전소 미국 남북전쟁과 관세 … 34

Chapter 2 왜 부자는 더 많은 세금을 내야 할까?
섬나라의 세금 … 39
래퍼 곡선과 거위의 깃털 뽑기 … 42
누진세란 무엇일까? … 45
소득세는 언제부터 시작되었을까? … 48
부자는 왜 세금을 더 내야 할까? … 51
생각발전소 무지의 베일 … 54

Chapter 3 우리는 우리도 모르는 사이에 세금을 내고 있다
부가가치세란 무엇일까? … 61
면세 이야기 … 65
우리는 우리도 모르는 사이에 세금을 내고 있다 … 68
역진성과 인두세 … 70
사치세의 다른 이름, 개별소비세 … 73
세금으로 행동을 교정할 수 있을까? … 75
생각발전소 세금과 미국의 독립전쟁 … 78

Chapter 4 세금이 싫어!
테이크 아웃과 정의맨 … 85
탈세 처벌과 유대인의 어음 … 89
현금을 내면 깎아 드릴게요 … 93
스타벅스의 탈세 수법 … 96
조세 피난처란 무엇일까? … 100
생각발전소 선박 강국 파나마의 비밀 … 104

Chapter 5 국가는 세금을 어떻게 사용할까?
국세와 지방세 … 109
주민세를 내주시면 선물을 드립니다 … 114
국세에서 관세가 차지하는 비중은 왜 낮을까? … 117
예산은 어떻게 만들어질까? … 120
세금만으로는 부족해 … 123
생각발전소 "우리 세금은 우리가 결정한다!" 포르투알그레의 주민 참여 예산제 … 127

Chapter 1
왜 국가에 세금을 내야 할까?

2300여 년 전 그리스 아테네의 거리.

"징수 청부업자 떴다!"

누군가 외쳤다. 평화롭던 거리에 일순 팽팽한 긴장감이 감돌았다. 갑자기 사람들이 집에서 뛰쳐나와 어디론가 허둥지둥 달아났다. 꿀단지를 들고 가던 농부는 황급히 짚단으로 단지를 가렸다. 몇몇은 이웃집 지붕 위로 올라가 몸을 숨겼다. 이윽고, 험악하게 생긴 사내들이 조폭처럼 어깨를 흔들며 거리에 등장했다. 두목처럼 보이는 남자가 손가락을 들어 "이쪽! 저쪽!" 하며 방향을 가리켰다. 부하들은 흩어져 집과 가게로 들어갔다. 잠시 후, 사내들은 손에 물건과 은화가 든 주머니를 들고 나왔다. 한 아주머니가 사내들 뒤를 따라오며 울상을 지었지만, 사내들은 눈도 깜빡하지 않았다.

그들은 세금 징수 청부업자, 국가를 대신해 세금을 거두는 사람이다. 고대 아테네의 정치가였던 데모스테네스는 이런 기록을 남겼다.

'존경받을 만한 시인이 세금 징수 청부업자를 피해 침대 밑이나 이웃집 지붕 위로 도망갔다.'

세리란 무엇일까?

 문자로 기록된 최초의 문서는 세금 장부였어요. 5천여 년 전, 지금의 이라크 남부 지역의 도시국가 수메르는 찰흙 점토판에 세금 기록을 남겼어요. 거기에는 세금으로 거둬들인 금과 노예, 가축의 목록 등이 꽤 상세하게 적혀 있어요. 오래전부터 국가가 세금을 징수했다는 것을 알 수 있는 대목이랍니다. 이 점토판에는 사람들의 시선을 끄는 의미심장한 문장이 있어요.

'주인도 있고 왕도 있지만, 그들보다 두려운 사람은 세리다.'

세리(稅吏)가 뭘까요? 세(稅)는 세금, 리(吏)는 관리, 즉 공무원을 뜻하는 한자예요. 그러니까 세리는 오늘날 국세청이나 세무서에서 근무하는 세금 공무원이에요.

국세청, 세무서, 세무소

국세청은 세금을 걷는 공식적인 국가 기관이다. 그런데 국세청 한 곳에서 모든 세금을 징수하는 것은 효율적이지 않기 때문에 본점 격인 본청이 하나 있고, 본청 아래로 지방(서울, 중부, 인천, 대전, 광주, 대구, 부산)에 7개의 지방 국세청을 두고 있다. 지방 국세청은 다시 산하에 128개의 세무서를 두고 있다. 세무소는 세무서와 이름이 비슷하지만 일반 사설 업체이다. 세금을 다루는 세법은 내용이 방대하고 복잡해서 사람들은 세금을 무척 어려워한다. 세무소는 그런 사람들을 위해 세금 상담을 해 주고 세금 서류 작성을 도와주고, 고객이 원하면 세금 신고도 대신 해 준다. 이렇게 전문적인 지식을 갖추고 세금 관련 서비스를 제공하는 사람을 세무사라고 한다. 일종의 세금 변호사라고 말할 수 있다.

그런데 서양 역사에 기록된 세리 대부분은 국가를 대신해 세금을 징수하는 민간인을 지칭해요. 사람들은 그들을 세금 징수 청부업자라고 불렀어요.

요즘은 원천징수라고 해서, 근로자는 미리 세금을 뗀 월급을 받아요. 또 스마트폰 인터넷 뱅킹을 이용하면 단 몇 분 만에 세금을 낼 수 있어요. 하지만 옛날에는 그런 게 없잖아요? 별수 없이 세금 공무원들이 일일이 집을 방문해 걷어야 했어요. 옛날에는 교통이 몹시 불편하고 치안도 불안정했어요. 관리들은 산적들이 득실대는 위험한 고개를 넘고 숲을 헤치고 들판을 지나야 겨우 마을에 도착할 수 있었어요. 그런데 주민들이 집에 얌전히 있었느냐 하면 그렇지도 않았어요.

"아! 옆집 아저씨? 그 사람 아침에 시장 갔는데, 아마 밤늦게나 올 텐데…."

"우리 아버지요? 지난가을에 전쟁하러 나갔다가 아직 안 돌아왔슈, 죽

었는지 살았는지…."

과거에는 화폐 거래가 활발하지 않았어요. 돈 대신 곡식이나 꿀, 기름, 비둘기 알 등의 현물을 세금으로 내는 일이 흔했어요. 이 물건들을 수레에 잔뜩 싣고 또 위험한 고개를 넘고 숲을 헤치고 들판을 지나 궁전이 있는 수도까지 옮기려면 도적의 습격을 받아 수레를 뺏기거나, 시간이 오래 걸려서 운송비도 만만찮게 들었어요. 그래서 유럽 국가들은 한 가지 꾀를 생각해 냈어요. 번거롭게 국가가 세금을 거두지 말고, 현지 사정에 밝은 민간인, 즉 세금 징수 청부업자를 고용해 세금을 거두게 하는 거였어요.

세금 징수 청부업자의 횡포

 국가는 공개 모집을 통해 세금 징수 청부업자를 선발했어요. 예를 들어, 서울시 마포구에서 징수 청부업자를 모집하자 철수와 민수가 응모했어요. 선발 방식은 경매와 비슷해요. 높은 가격을 부르는 자가 뽑히는 거예요.

철수 : 저는 마포구 시민으로서 그동안 지역 내 인구와 경제력 등등을 훤히 꿰고 있습니다. 저는 1년에 5억 원의 세금을 징수할 수 있어요.

민수 : 겨우 5억요? 하하! 저는 6억 원도 문제없어요.

국가는 당연히 민수를 뽑아요. 더 많은 세금을 거둬 준다는데 마다할 이유가 없어요. 어쨌든 세금 청부업자로 발탁된 민수는 마포구를 돌아다니며 시민들로부터 세금을 거두기 시작해요. 목표는 6억 원 이상, 만일 6억 원을 걷어 국가에 갖다 주면 민수는 남는 게 하나도 없잖아요? 세금 징수업자는 선량한 자원봉사자가 아니에요. 민수도 먹고 살아야 하지 않겠어요? 민수는 조직원을 풀어 7억 원을 거뒀어요. 6억 원은 국가에 갖다 주고, 나머지 1억 원은 민수가 챙기는 거예요.

만일 민수가 6억 원을 채우지 못하면, 신성한 국가와의 약속을 어긴 죄로 민수는 재산을 몰수당하고 감옥에 들어가야 해요. 세금 징수 청부업은 이익도 크지만, 까닥 잘못하면 패가망신할 수도 있는 위험도가 큰 사업이었어요. 민수도 이 일에 사활을 걸어야 해요.

아무튼, 국가는 세금 징수 청부업자들 덕택에 손도 까닥 안 하고 매년 안정적으로 세금을 확보할 수 있어 좋고, 징수업자들은 돈을 벌 수 있어서 좋아요. 대신 죽어나는 건 백성들이었어요. 세금 징수업자들은 국가와 약속한 세금만 내면 나머지는 자신들이 챙길 수 있어요. 그래서 최대한 많은 돈을 뜯으려고 혈안이었어요. 마른 수건에서 물을 쥐어 짜내듯, 징수업자들은 사람들을 들들 볶았어요. 심지어 그들에게는 세금 미납자를 체포하고 재산을 압류할 권한도 있었어요. 세금을 낼 형편이 안 되는 사람에게는 이자를 받고 세금 낼 돈을 빌려 주기도 했어요. 이를 고리대금업이라 불러요. 오늘날 악명 높은 사채업자와 같아요. 비싼 이자를 갚지 못한 백성들은 땅과 집을 징수업자들에게 고스란히 빼앗겼어요. 그래서 서양 역사에서 세리들은 백성들에게 공포와 증오와 경멸의 대상이었어요.

백성들이 무거운 세금을 견디다 못해 반란이나 민란을 일으킬 때면, 세금 징수업자들은 시위대의 척살 1호 대상이었어요. 서기 88년, 로마의 속주(지배지)였던 튀르키예에서 반란이 발생했을 때, 군중들은 하루 만에 세금 징수업자 8만 명을 살해했어요. 18세기, 프랑스에서 시민 혁명이 발생했을 때도 많은 세금 징수업자가 목숨을 잃었어요. 근대 화학의 아버지라 불리는 위대한 과학자 라부아지에도 한때 세금 징수업자였다는 이유로 단두대에서 처형을 당했어요.

우리 조상들은 어떤 세금을 냈을까?

한국과 일본은 일찍부터 중국 당나라 때 완성된 세금 제도인 조용조를 받아들였어요. 우리나라는 삼국 시대부터, 일본은 7세기부터였어요. 조용조란 조·용·조, 이렇게 세 종류의 세금을 의미해요.

첫 번째 세금 조(租)는 농사를 지어 수확한 것들을 세금으로 내는 것을 말해요. 오늘날 소득에 세금을 내는 소득세와 비슷해요. 과거 우리나라는 농업이 가장 중요한 산업이어서 백성들 대부분은 농민이었어요. 농부들은 논과 밭에서 생산한 수확물에 국가가 정한 일정한 비율을 곱해 세금으로 냈어요. 이 비율을 세율이라고 불러요. 고려를 건국한 왕건은 농민들이 수확량의 10퍼센트를 세금으로 내도록 했어요. 100가마의 쌀을 생산했다면 10가마를 세금으로 냈던 거예요. 오늘날 대한민국 근로자 평균 소득세율이 15퍼센트 정도니까, 이 정도면 농민들에게도 큰 부담은 아니었을 거예요. 하지만 관리들은 종종 농사를 지을 수 없는 황폐한 땅에도 세금을 매기는 등 부당한 방법으로 세금을 거뒀어요. 관리들은 그렇게 뜯어낸 세금으로 재산을 마구 늘렸어요.

세금을 뜻하는 또 다른 단어인 '조세'도 여기서 나왔어요. 조세(租稅)란 한자를 유심히 살펴보면 두 글자 모두 벼를 뜻하는 '화(禾)'가 붙어 있는 걸 알 수 있어요. 조(租)는 토지 소유자가 수확물로 나라에 내는 세금이에요. 그런데 모든 농민이 논밭을 소유하고 있지는 않았어요. 토지가 없는 가난한 농민(소작농)은 토지 소유자에게 땅을 빌려 농사를 짓고, 가을에 수확한 곡식을 토지 이용료로 지급했어요. 토지 소유주는 소작농으로부터 받은 곡식 일부를 다시 국가에 세금으로 냈고요. 이 세금을 세(稅)라고 불렀어요.

세금이란 단어가 널리 쓰이게 된 것은 일제 강점기의 영향이에요. 세금의 금(金)은 화폐를 뜻해요. 상업이 발달해서 화폐 거래가 활발했던 일본은 조선보다 빨리 화폐로 세금을 냈거든요.

두 번째 세금 용(庸)은 몸으로 때우는 세금, 즉 노동력을 말해요. 나라에 대규모 공사가 있을 때 백성들은 1년에 평균 20일 정도 차출되어 각종 노역과 건설 현장에 동원되었어요. 무너진 성을 보수하고, 궁궐을 짓고, 나라에 전염병이 창궐해 사망자가 발생하면 현장에 투입되어 시신을 운반하고 화장하는 일을 했어요. 상당히 고된 노동이었지만 세금이라서 급료를 받지 못했어요. 식사도 잘 챙겨 주지 않아서 백성들은 종종 자신이 먹을 도시락을 싸 와야 했어요. 무거운 목재와 돌을 나르다 사고로 죽고, 전염병 걸린 시체를 운반하다 감염되어 사망한 사람도 많았어요.

마지막 세금 조(調)는 그 지방의 특산물을 내는 것이에요. 다른 말로는 공납이라고도 불렀어요. 강화도의 인삼, 한산의 모시, 경주의 먹, 보령의 벼루 등등 국가는 각 지역 주민이 내야 할 특산물을 지정했어요. 그런데 별다른 특산물이 없는 평범한 마을도 있었어요. 모든 지역에 인삼이나 모시 등등이 나는 건 아니잖아요? 하지만 국가는 그런 사정을 무시했어요.

관리 : 오늘부터 우리 마을의 특산물은 인삼이다. 알았지?

백성들 : 아이고, 나리! 우리 마을에는 인삼밭이라고는 없는데, 이걸 어떻게 구합니까요?

관리 : 어허, 나랏일에 말이 많구나. 곤장 맞기 싫으면 알아서 구해 와!

결국, 백성들은 특산물이 있는 지역까지 가서 구매했어요. 그런데 관리들은 어렵게 구해 온 특산물에 품질이 엉망이라는 둥, 기준 미달이라는 둥 딴죽을 걸며 퇴짜를 놓기 일쑤였어요. 관리들은 심사를 통과하고 싶으면, 아무개의 물건을 사야 한다고 백성들을 압박했어요. 그 아무개들은 관리들에게 뇌물을 준 장사꾼, 방납업자였어요.

방납이란 공납을 방어해 주는 사람이란 뜻이지만, 실제로는 공납이란 제도를 이용해 자신의 주머니를 채우는 장사꾼들이었어요. 방납업자의 물건은 턱없이 비쌌지만, 백성들은 관청의 심사를 통과하려면 울며 겨자 먹기로 사야 했어요. 그래서 방납업자 수삼 년이면 한양(서울) 사대문 안에 기와집을 짓는다는 말이 나돌았어요. 지금으로 비유하면, 강남에 고급 아파트를 살 수 있었던 거예요.

조·용·조 3대 세금 중에서 조선 백성들을 가장 괴롭힌 세금이 바로 특산물 세금이었어요. 식당이나 카페, 편의점에 오는 손님 중에 직원에게 반말하거나 뻔뻔한 요구를 하는 사람들을 '진상'이라 불러요. 원래 진상은 조선 시대 왕에게 바치는 특산물인 진상품에서 나온 말이에요. 백성들이 특산물을 바치는 일에 얼마나 치를 떨었는지 알 수 있는 대목이에요. 방납의 폐단은 조선 후기에 가서야 겨우 시정되었답니다.

징세 청부업자들이 활개를 치던 서양과 달리, 동아시아의 중국, 한국, 일본은 징세 청부업자의 존재가 미미했어요. 중국, 한국, 일본은 관리들을 곳곳에 파견해 다스리던 중앙 집권화가 비교적 빠르게 뿌리를 내렸기 때문이에요. 하지만 부패한 관리들의 횡포와 탐욕스러움은 서양의 징세 청부업자들 못지않았어요.

마그나 카르타와 조세 법률주의

오랫동안 서양 군주들은 어떻게 하면 더 많은 세금을 거둘 수 있을지 고심했어요. 국민이 세금 때문에 겪는 고통이나 불만에는 무심했어요. 별명이 태양왕인 프랑스 군주 루이 14세는 국민이 세금으로 힘들어한다는 보고를 받자 대뜸 말했어요.

"모든 건 내 것이다. 세금은 원래 내 것이었던 것을 돌려받는 것에 지나지 않는다."

군주들은 국고를 채우기 위해 갖은 명분을 붙여 세금으로 만들었어요. 로마 제국은 오줌세를 거뒀어요. 소변을 본 사람이 아니라 오줌을 수거해 사용하는 사람들이 내는 세금이었어요. 로마에서 오줌은 양털에 배인 기름기를 빼는 비누로 사용되었거든요. 프랑스 군주 루이 15세는 숨을 쉬지 않는 사람은 없다며 공기세를 부과했어요. 18세기 영국은 모자를 쓰는 사람들에게 모자세를 징수했어요. 해적에게 바치는 세금도 있었어요. 옛날에는 지금은 존재하지 않는 희한한 세금들이 많았어요.

7세기, 비잔틴 제국으로도 불리는 동로마 제국은 화로세를 만들었어요. 화로세는 집에 있는 벽난로 숫자만큼 부과하는 세금이에요. 벽난로

해적에게 바친 세금, 데인겔드

중세 북유럽에는 바이킹이라는 무서운 해적 집단이 있었다. 10세기, 바이킹의 하나인 데인인(오늘날 덴마크인의 조상)이 영국 해안 지방을 휩쓸며 약탈과 살인을 일삼았다. 데인인의 등쌀에 견디다 못한 영국은 세금을 거둬 데인인에게 바쳤다. 맞서 싸우느니 돈으로 달래 쫓아 버리는 게 낫다고 생각했던 것이다. 이 세금을 데인겔드(Danegeld: 덴마크인들에게 주는 돈)라 불렀다. 나중에는 데인인이 돈을 받고 다른 해적으로부터 지켜 주는 역할도 했다. 자신들도 해적이면서 말이다.

가 많을수록 잘산다고 생각했거든요. 세금 징수원들은 화로 숫자를 세겠다며 시도 때도 없이 집 안으로 들어왔어요. 시민들은 화로세가 사생활을 침해한다고 반발했어요.

"낯선 사람이 집에 들어오는 게 싫단 말이지? 좋아."

1303년, 얼굴이 잘생겨서 별명이 미남왕인 프랑스 군주 필리프 4세는 창문세를 고안해 냈어요. 벽난로와 마찬가지로, 창문 수가 많은 건 집이 크다는 뜻이고, 그만큼 집 소유주가 부유하다고 생각했어요. 집 밖에서 창문 숫자만 세면 되니까 국민도 별 불만이 없을 거라 생각했어요. 사람들은 창문을 없애거나, 징수원들이 눈치채지 못하게 건물 뒤쪽에 몰래 창문을 냈어요. 세금을 내느니 차라리 어둡게 살겠다고 생각했어요. 지금도 유럽에 가면 창문을 없애 버린 오래된 건물들을 발견할 수 있어요.

군주의 무분별한 세금 징수에 처음 제동을 건 나라는 영국이었어요. 13세기, 영국에는 전쟁만 하면 영토를 잃기 일쑤여서 별명이 실지왕(失地王, 영토를 상실한 왕)인 존이라는 군주가 있었어요. 전쟁에는 천문학적인 돈이 필요해요. 무기 사야지, 병사들 입히고 먹여야지, 지금까지는 세금으로 그럭저럭 충당했으나 전쟁이 장기화하면서 영국 국고는 바닥을 드러

냈어요. 돈 나올 곳이 없어진 존은 귀족들에게 세금을 거두려고 했어요. 귀족들은 "왜 우리 돈을 건드려?"라며 군대를 일으켜 존 왕에 대항했어요. 존 왕은 겁을 집어먹고 꼬리를 내렸어요. 1215년, 존 왕은 귀족들이 내민 문서에 굴욕적으로 사인을 했어요. 이 문서가 유명한 마그나 카르

타(대헌장)예요. 총 63개 조항으로 구성된 마그나 카르타는 군주의 권력을 제한하는 조항들로 빼곡하게 채워져 있어요. 특히 '국왕은 세금을 부과할 때 의회의 승인을 받아야 한다.'라는 12번째 조항에 우리는 주목할 필요가 있어요. 이 조항을 계기로 훗날 국가는 국민의 대표기관인 의회 동의가 있어야만 세금을 부과할 수 있는 현대의 세금 제도가 탄생했어요. 의회(국회)가 제정한 법률에 따라서만 세금을 부과할 수 있는 원칙, 이것을 조세 법률주의라 불러요.

왜 국가에 세금을 내야 할까?

국가가 멋대로 부과하던 세금 제도는 근대가 시작되면서 의회의 동의를 거쳐야만 세금을 부과하도록 바뀌었어요. 하지만 근본적인 사실 하나는 변하지 않았어요. 그것은 국민은 변함없이 국가에 세금을 내야 한다는 사실이에요. "나는 못 내겠어! 어쩔 거야!"라고 버텨도 소용없어요. 5년 후, 세무 공무원들이 당신의 집에 들이닥쳐 자동차와 가전제품 등등 돈이 될 만한 물건을 가져갈 테니까요. 그게 끝이 아니에요. 세금 미납자는 신용불량자로 전락하고 해외여행도 갈 수 없으며 고액 체납자는 감옥에 갈 수도 있어요. 그래서 18세기 미국의 정치인 벤저민 프랭클린은 이런 말을 했어요.

"인간이 피할 수 없는 두 가지는 죽음과 세금이다."

우리나라 헌법은 납세를 국민의 4대 의무 중 하나로 규정하고 있어요. 왜 우리는 국가에 세금을 내야 할까요?

마트에서 아이스크림을 사거나 미용실에서 머리를 자르려면 값을 치러야 해요. 경제학에서는 아이스크림처럼 만질 수 있는 물리적 상품을 재화, 미용사가 머리를 자르거나 의사가 환자를 진료하는 것처럼 만질 수

는 없지만, 사람들에게 만족감을 주는 추상적 행위를 서비스라 불러요.

국가도 재화와 서비스를 국민에게 제공해요. 댐과 도로, 가로등, 공원 같은 재화를 생산하면서 동시에 국방(군대)이나 치안(경찰), 화재 진압(소방서), 의료(보건소), 교육(공립학교) 등의 서비스도 공급해요. 세금이란 국가가 제공한 이 재화와 서비스를 국민이 이용하는 사용료이자 비용이에요. 세상에 공짜란 없는 법이에요.

그런데 국가가 제공하는 재화와 서비스는 기묘한 특징이 있어요. 돈이 없으면 우리는 마트에서 물건을 살 수 없고 버스를 탈 수 없어요. 하지만 세금 미납자 집에 불이 났을 때, 소방서에서 "당신들은 이번 달 세금을 안 냈더군요. 미안하지만 출동 안 합니다."라고 말하지는 않아요. 세금이 좀 밀려도 우리는 근린공원을 산책할 수 있고, 시립도서관에서 책을 빌릴 수 있으며, 도둑이 들었을 때 경찰을 부를 수도 있어요. 치안, 소방, 문화 시설은 누구나 이용할 수 있는 공공의 재산이기 때문이에요. 이것을 공공재라고 불러요.

공공재에는 두 가지 중요한 특성이 있어요. 첫째, 여러 사람이 동시에 그 혜택을 누릴 수 있어요. 군대는 국민이 낸 세금으로 유지되어요. 군인들 덕택에 국민은 안심하고 생업에 종사하고 편히 잠을 잘 수 있어요. 그런데 이웃 때문에 내가 받는 국방 서비스가 줄어들지는 않아요. 마치 밤하늘에 영롱하게 빛나는 달빛을 누구나 감상할 수 있듯, 다른 사람과 경쟁(경합)하지 않아도 골고루 혜택을 볼 수 있어요. 이것을 좀 유식한 말로 비경합성이라 불러요.

두 번째, 소방서의 예처럼 돈(세금)을 내지 않은 사람도 얼마든지 사용할 수 있어요. 이것을 비배제성이라 불러요. 세금이 좀 밀려 있어도 국가는 그 혜택에서 국민을 배제하지 않는다는 뜻이에요. 그런데 이런 세금의 특징에 불만을 가지는 사람도 있답니다.

"나는 바빠서 공원에 산책 갈 시간도 없고, 공원을 좋아하지도 않는다. 그런데 왜 내가 낸 세금이 내가 이용하지도 않는 공원을 만들고 유지하는 데 쓰여야 하나? 불공평하다. 차라리 공원에 들어가는 세금을 없애고, 이용객에게 입장료를 받아서 운영하는 게 훨씬 합리적이다."

"나는 누구보다 많은 세금을 낸다. 그런데 공영 주차장에는 왜 늘 차를 댈 곳이 부족한가? 국가는 고액 세납자인 나 같은 애국자를 위해 주차권을 보장하라! 보장하라!"

어떤 사람들은 자기가 낸 세금이 자신을 위해 쓰이는 게 옳다고 주장해요. 또 많은 세금을 낸 만큼 자신은 차별화된 대접을 받을 자격이 있다고 믿는 사람도 있어요. 하지만 국가가 제공하는 공공재는 아이스크림과 버스 요금처럼 비용과 혜택이 일대일로 딱딱 일치하지는 않아요. 대한민국에는 5천만이 넘는 국민이 살고 있고, 그들은 저마다 다른 취향과 개성과 가치관을 갖고 있어요. 이런 다양한 국민의 요구를 완벽하게 만족시키는 세금 정책이란 불가능해요. 그래서 국가는 될 수 있는 대로 국민 대다수가 원하는 방향으로 세금을 쓰려고 노력해요. 설령 그것이 누군가에게는 불만스럽더라도 말이에요.

세금이 없는 국가가 있을까?

인터넷에 '세금 없는 국가'로 검색하면 모나코, 사우디아라비아, 리히텐슈타인, 북한 등등 대략 대여섯 개 국가들의 이름이 주르륵 떠요. 엄밀히 말하면, 이것은 사실이 아니에요. 이 국가들은 우리에게 익숙한 몇몇 세금이 없거나, 세금이 아주 낮은 것뿐이에요. 모나코는 근로자가 내는 개인 소득세는 없지만, 기업이 내는 소득세인 법인세는 한국보다 높아요. 리히텐슈타인에도 소득세, 법인세, 판매세가 있으며, 사우디아라비아에는 종교세가 있어요. 북한은 1974년 공식적으로 모든 세금을 폐지했지만, 대신 '이용료'라는 이름으로 사실상 세금을 징수하고 있어요.

일체의 세금이 없었던 국가가 존재한 적이 있었어요. 남태평양의 나우루 공화국은 여의도 두 배 면적에 인구가 1만 3천 명 정도인 작은 섬이지만, 한때 세계에서 국민소득이 가장 높은 국가 중 하나였어요. 그 비결은 새똥이었어요. 과거 이 섬은 알바트로스, 갈매기와 같은 바닷새들의 주요 서식지였어요. 새들은 이 섬 곳곳에 응가를 남겼는데, 이 배설물들이 오랜 세월에 걸쳐 돌처럼 굳어졌어요. 이 돌이 천연비료의 원료인 인광석이에요. 인광석은 워낙 귀해서 부르는 게 값인 고가의 물질이에요. 나우루 공화국은 새똥을 수출해 엄청난 부를 축적했어요. 그리고 그 돈을 국민들을 위해 아낌없이 썼어요. 기름값도 공짜, 교육비도 공짜, 의료비도 공짜, 국민에게 매년 1억 원 상당의 생활비까지 지급했어요. 이렇게 국가

가 펑펑 지원해 주니 국민은 세금을 한 푼도 낼 필요가 없었어요. 국민도 굳이 땀 흘려 일할 필요성을 못 느꼈어요. 나우루 국민 10명 중 9명이 직업이 없는 상태였어요.

  영원할 것 같았던 인광석도 차츰 바닥을 드러냈어요. 국가 경제를 인광석에만 의존하며 빈둥거리던 나우루 공화국으로서는 답이 없었어요. 2003년, 인광석이 완전히 고갈되면서 정부의 지원은 끊어졌고, 나우루 공화국은 세계에서 가장 빈곤한 국가로 추락했어요. 나우루 공화국은 2014년부터 소득세를 징수하기 시작했어요.

미국 남북전쟁과 관세

　다들 한 번쯤은 링컨의 위인전을 읽어 봤을 거예요. 위인전에는 흑인 노예를 해방하려는 링컨의 정책을 미국 남부가 반대하면서 남북전쟁이 일어났다고 서술되어 있어요. 그런데 위인전에는 좀처럼 언급되지 않는 남북전쟁의 또 다른 원인이 있어요. 관세였어요.

　관세는 해외에서 들어오는 수입품에 국가가 매기는 세금이에요. 인터넷으로 외국 물건을 구입하는 '해외 직구'에 붙는 세금이 바로 관세랍니다. 관세가 붙으면 수입품 가격이 상승해 사람들은 구매를 망설여요. 관세로 돈도 벌고 국내 산업도 보호할 수 있어서 국가로서는 일거양득이에요.

　링컨이 대통령에 당선되었던 19세기 중반, 미국의 북부와 남부는 다른 산업 구조를 갖추고 있었어요. 공장이 많았던 북부는 상공업 중심이었고, 남부는 농업 경제였어요. 특히 남부는 기후가 따뜻하고 평야가 넓어 대량의 목화(면화)를 재배하는 데 안성맞춤인 지역이었어요. 지금이야 기계가 목화를 수확하지만, 당시만 해도 사람 손으로 목화를 따고, 목화솜에서 씨를 빼냈어요. 그 번거로운 일을 한 사람들은 남부의 흑인 노예들이었어요.

　남부산 목화는 유럽으로 수출되었고, 유럽은 이 목화로 셔츠나 속옷 등의 면직물을 생산했어요. 남부는 목화를 판 돈으로 유럽산 생필품과 사치품 등을 수입했어요. 그렇다면 왜 남부는 같은 나라인 북부 공업지대에서 생산한 물건을 사지 않았을까요? 이때만 해도 미국의 공업 수준은 낮아서 품질이 조악해 인기가 없었답니다.

링컨은 유럽 수입품에 높은 관세를 부과했어요. 북부 산업도 보호하고, 남부 주민들이 비싼 유럽 제품 대신 저렴한 북부의 물건을 사기를 원했어요. 그런데 관세는 원칙적으로 쌍방향이에요. 미국이 유럽 제품에 높은 관세를 매기는데, 유럽도 가만있지 않았어요. 유럽은 미국 목화에 높은 관세를 부과하는 맞대응을 했어요. 남부산 목화 가격이 껑충 뛰자, 유럽에서 남부산 목화는 예전처럼 잘 팔리지 않았어요, 이것은 목화에 의존하던 남부 경제에 치명타였어요. 남부는 관세를 없애 달라고 정부에 호소했지만, 링컨은 거부했어요. 남부 주민들은 정부가 자신들을 차별한다고 생각했어요.

'북부의 공업을 살리겠다고, 우리 남부를 말려 죽일 셈이군!'

1861년 남부 11개 주는 1861년 미국 연방에서 탈퇴한다고 선언했어요. 남북전쟁은 이렇게 시작되었어요.

개전 초기, 링컨의 북부군은 패전을 거듭했어요. 링컨에게는 전세를 뒤집을 반전의 묘수가 필요했어요. 그것은 흑인 노예였어요. 남북전쟁 발발 2년 후인 1863년 링컨은 노예 해방을 선언했어요. 링컨의 노림수는 주효했어요. 많은 흑인이 자유를 찾아 북부로 넘어가자 남부의 경제는 붕괴하기 시작했어요. 탈출에 성공한 흑인들은 북부군에 입대했어요. 남부는 혼란에 빠졌고, 병력을 증강한 북부는 전열을 가다듬고 반격을 시도했어요. 1865년 북부군이 최후의 승리를 거두면서 남북전쟁은 종료되었어요. 남북전쟁의 원인은 흔히 알려진 것처럼 흑인 노예 때문만은 아니었어요. 북부와 남부의 다른 산업 구조와 관세 정책으로 인한 이해관계도 중요한 원인이었답니다.

1960년 영국의 항구도시 리버풀에서 결성된 비틀즈(Beatles)는 팝 역사상 가장 위대한 밴드 중 하나이다. <예스터데이(Yesterday)>, <렛잇비(Let it be)>, <헤이 주드(Hey Jude)> 등 수많은 명곡을 남겼고 천문학적 돈을 벌었다. 하지만 비틀즈 멤버들은 그 돈의 대부분을 구경도 못 했다. 수익의 약 90퍼센트를 세금으로 내야 했기 때문이다. 당시 영국 세금 제도는 소득이 높은 사람에게 더 많은 세금을 내도록 했는데, 최고 세율이 95퍼센트나 되었다. 100파운드를 벌면, 90파운드 가까이 영국 정부가 가져간 것이다. 심사가 뒤틀린 비틀즈는 1966년 <택스맨(Taxman, 세금 공무원)>이라는 곡을 발표해 영국 정부를 조롱했다.

어떻게 되는지 말해 줄게요.
당신(비틀즈) 몫은 하나고, 내(영국 정부) 몫은 열아홉 개예요.
나는 세금 공무원이거든요. 정말이에요. 나는 세금 공무원이라고요.
당신 몫 5퍼센트가 너무 작다고 생각하나요?
내가 다 가져가지 않는 걸 감사하게 생각하세요.
자동차를 운전하려면 통행세를 내세요. 자리에 앉으려면 자릿세를,
추우면 난방세를, 산책하겠다면 당신의 발에 세금을 내세요.
죽은 사람에게 충고 하나 할게요. 저승길 노잣돈 동전 한 닢도
어서 세금 신고하세요. 나는 세금 공무원이거든요.
당신은 오로지 나를 위해 일하고 있어요. - <택스맨> 중에서

섬나라의 세금

그 섬나라에는 물고기를 잡는 어부 10명이 살고 있었어요. 어부들의 소득은 똑같이 100원이에요. 섬나라에는 세금이 없었어요. 인구라고 해 봐야 10명뿐인데, 굳이 세금을 거둘 필요가 없었던 거예요.

어느 날, 섬나라 정부는 생각했어요.

'그래도 명색이 국가인데, 세금이 없는 건 좀 그렇지 않나?'

정부는 소득세 10퍼센트를 거두겠다고 발표했어요. 이제 어부들은 소득의 10퍼센트인 10원을 세금으로 냈어요. 인구가 10명이니까 정부의 세수(세금 수입)는 100원이 되었어요. 정부는 이 돈으로 태풍으로부터 고깃배를 보호하는 방파제를 건설해 어부들을 기쁘게 했어요.

일 년 후, 정부는 낡은 항구 대신 새 항구를 짓기로 했어요. 그러자니 100원으로는 모자랐어요. 정부는 세율을 20퍼센트로 올렸어요. 이제는 어부 한 명이 20원의 세금을 냈고, 정부의 세수는 200원으로 늘었어요.

다음 해, 섬 주변에 사악한 해적이 출몰했어요. 해적들은 섬나라에 상륙해 약탈을 마구 일삼았어요. 정부는 군함을 구매해 해적을 소탕하기로

했어요. 군함 값을 충당하기 위해 정부는 세율을 30퍼센트로 올렸어요. 이때부터 정부는 매년 세금을 올렸어요. 세금이 없었을 때는 몰랐는데, 세금을 거두기 시작하자 이상하게 돈 쓸 곳이 계속 늘어났어요. 마치 우리가 돈이 생기면 사고 싶은 것, 하고 싶은 것이 많아지는 것처럼 말이에요. 40퍼센트, 50퍼센트…. 세율이 오를수록 정부의 세금 수입도 늘어났어요.

그런데 언제부터인가 세금이 생각만큼 잘 걷히지 않았어요. 세율이 60퍼센트면 세금 수입도 600원이 되어야 하는데, 걷힌 돈은 500원도 되지 않았어요. 왜 그러지? 돈이 부족한 정부는 세율을 70퍼센트로 올렸어요. 그랬더니 세금 수입은 400원 밑으로 떨어졌어요. 희한한 일이었어요. 예전에는 세율을 올린 만큼 세금이 착착 들어왔는데, 이제는 세율을 올릴수록 세금 수입이 감소하다니! 당황한 정부는 "에라 모르겠다!" 하며 세율을 100퍼센트로 올렸어요. 그랬더니 세금은 단 한 푼도 걷히지 않았어요. 국고는 텅텅 비었어요. 섬나라 정부는 패닉에 빠졌어요. 이게 어떻게 된 일일까요?

래퍼 곡선과 거위의 깃털 뽑기

1974년, 시카고 대학 교수 아서 래퍼는 유력 정치인들과 식사를 하고 있었어요. 정치인 한 명이 래퍼에게 물었어요.

"교수님, 세율을 올리면 국가의 세금 수입도 그만큼 늘어나겠죠?"

"흠, 글쎄요. 꼭 그렇지만도 않습니다."

"아니, 왜요?"

래퍼는 테이블에 놓인 냅킨을 집어 즉석에서 그림 하나를 그렸어요.

솥뚜껑 모양의 이 그림이 유명한 래퍼 곡선이에요. 가로축은 세율, 세로축은 정부의 세금 수입이에요. 세율이 0일 때는 세금 수입도 없어요. 세율이 0이라는 건 세금이 없다는 말이니까요. 이제 세율을 올리면 세금 수입도 차츰 늘어나요. 하지만 어느 지점부터는 세금 수입은 반대로 감소해요. 마치 하늘로 쏘아 올린 포탄이 정점에 도달한 다음 추락하듯 말이에요. 세율이 100퍼센트가 되면 세금 수입도 0원이 되어요. 래퍼 교수는 그 이유를 설명했어요.

"처음에는 국민도 순순히 세금을 냅니다. 하지만 세율이 계속 오르면 국민의 인내심은 한계를 드러내요. 부지런히 돈 벌면 뭐 하나? 대부분 국

가가 가져가 버릴 텐데 하고 생각해 버리니까요."

　과한 세금은 국민의 일할 의욕을 앗아 가요. 열심히 일하지 않으니 국민소득은 감소하고, 국민소득이 감소하면 정부의 세금 수입도 덩달아 감소해요. 비틀즈처럼 소득의 90퍼센트를 세금으로 내라고 하면 누구라도 힘이 쭉 빠질 거예요. 세율이 100퍼센트가 되면 국민과 기업은 아예 일을 안 할 거예요. 버는 돈 전부를 세금으로 내야 할 판인데, 일할 마음이 생길 리가 없잖아요? 섬나라 국민은 물고기를 잡지 않거나, 소득이 있어도 세금을 안 내려고 탈세할 궁리를 하거나, 세금이 낮은 다른 섬나라로 이민을 갈 거예요.

　그래서 오늘날 국가들은 가장 많은 세금을 거둘 수 있으면서 동시에 국민의 불만이 폭발하지 않는 가장 이상적인 세율을 찾으려고 노력을 해요. 래퍼 곡선 그림에서 T점이에요. 하지만 이것은 어디까지나 이론일 뿐 쉬운 일이 아니에요. 래퍼도 가장 이상적인 세율이 몇 퍼센트인지 제시하지 못했어요. 17세기 프랑스 재상 콜베르는 이런 말을 했어요.

　"훌륭한 세금 기술이란, 거위(국민) 몸에서 깃털(세금)을 뽑는 것과 같다. 거위의 고통을 최소화하면서 가장 많은 깃털을 뽑아 내는 것이다."

누진세란 무엇일까?

푹푹 찌는 여름이 되면 사람들은 시원한 에어컨 바람을 그리워해요. 하지만 에어컨을 틀자니 엄마의 눈치가 신경 쓰여요. "지난달 에어컨 때문에 전기 요금이 얼마나 나온 줄 알아!"라며 엄마가 잔소리를 하실 게 뻔해요. 이해할 수 없는 일이에요. 에어컨 몇 시간 더 쓴다고 그렇게 전기 요금이 많이 나올 수 있나요?

전기 요금은 전기를 많이 쓰면 쓸수록 눈덩이처럼 불어나요. 이것을 **누진세**라고 불러요. 누진은 점점 더 높아진다는 뜻이에요. **개인 소득에 부과하는 소득세와 기업 소득에 부과하는 법인세가 대표적인 누진세**예요.

철수는 소득이 100원이고, 민수의 소득은 300원이에요. 그리고 소득에는 소득세라는 세금이 있어요. 만일 소득세 세율이 10퍼센트라면, 철수의 세금은 10원이고, 민수의 세금은 30원이에요. 민수의 세금이 3배 많은 것처럼 보이지만, 그것은 민수의 소득이 3배가 많기 때문이에요. 실제로는 두 사람의 소득에서 세금이 차지하는 비율은 10퍼센트로 같으므로 어느 한쪽에도 유리하거나 불리하지 않아요. 이것을 단일세율, 혹은 비례세율이라고 해요. 단일세율로 세금을 부과하면 모두에게 공평하고 계산하기도 쉬워요. 그리고 지구상의 모든 부자는 이런 방식의 소득세를 소망해요. 부자들에게는 미안한 이야기지만, 보통 국가들은 이렇게 소득세를 걷지 않아요. 누진세로 소득세를 징수해요.

누진세는 소득을 내신등급처럼 구분해요. 이것을 소득 구간이라고 불러요. 소득이 높을수록 소득 구간의 세율도 올라가요. 가령, 소득이 100원까지는 세율이 10퍼센트인데, 100원을 초과한 금액에는 세율이 20퍼센트가 된다고 가정해 볼게요.

소득	세율
0원~100원	10퍼센트
100원 초과 금액	20퍼센트

철수가 낼 세금은 여전히 10원이에요. 민수는 소득 300원 중에서, 먼저 100원까지는 세율 10퍼센트를 곱해요. 그럼 세금이 10원이에요. 나머지 200원에는 세율 20퍼센트를 곱해요. 200원의 20퍼센트는 40원이에요. 이 두 개를 더한 50원이 민수가 낼 세금이에요.

단일세율에서 민수의 세금은 30원이었지만, 누진세를 적용하자 50원으로 늘어났어요. 이처럼 누진세는 저소득자에게 유리하고, 부자에게는 불리한 세금이에요. 2024년 현재 우리나라에서 개인의 소득에 적용하는 누진세 구간은 다음과 같아요. 소득이 높아질수록 적용하는 세율이 높아지는 것을 알 수 있죠?

과세 표준	세율
1400만 원 이하	6%
1400만 원 초과~5000만 원 이하	15%
5000만 원 초과~8800만 원 이하	24%
8800만 원 초과~1억 5천만 원 이하	35%
1억 5천만 원 초과~3억 원 이하	38%
3억 원 초과~5억 원 이하	40%
5억 원 초과~10억 원 이하	42%
10억 원 초과	45%

　여기서 퀴즈를 하나 내 볼까요. 영희의 소득은 6천만 원이에요. 위의 표를 기준으로 영희가 낼 소득세는 얼마일지 한번 생각해 보세요. 정답은 864만 원이에요. 어떻게 이런 금액이 나왔느냐고요? 아래의 세 가지 금액을 더하면 돼요.

　(1) 1400만 원×6퍼센트=84만 원
　(2) 3600만 원×15퍼센트=540만 원
　(3) 1000만 원×24퍼센트=240만 원

소득세는 언제부터 시작되었을까?

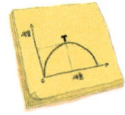 최초의 소득세는 18세기 말, 영국에서 시작되었어요. 당시 영국은 나폴레옹의 프랑스와 전쟁을 준비하고 있었어요. 1798년 영국 수상 윌리엄 피트는 막대한 전쟁 자금을 마련할 목적으로 소득세를 신설했어요. 피트는 영국 시민의 소득 구간을 셋으로 나눈 다음, 연간 소득 60파운드 이상 200파운드 이하인 시민에게는 0.83퍼센트 이상을, 200파운드 이상의 고소득층에게는 10퍼센트의 세금을, 연간 소득이 60파운드 미만의 저소득층은 세금에서 면제해 줬어요. 고소득자들은 어리둥절했어요. 부자가 더 많은 세금을 내야 한다는 건 지금껏 듣도 보도 못한 기괴한 논리였어요.

당시 소득세를 풍자한 그림이 있어요. 입에서 불을 뿜는 사나운 개를 옆구리에 끼고 있는 남자는 영국 정부를, 덜덜 떨면서 돈주머니를 바치는 사람은 영국인 고소득자를 상징해요.

사실, 당시 소득세율 자체는 대략 한 자리 숫자인 2~7퍼센트로 그리 높은 편은 아니었어요. 영국인들의 심기를 불편하게 만든 것은, 소득세가 사생활을 침해할 우려가 있다고 생각했기 때문이에요. 정부가 소득세를

부과하려면, 납세자의 소득을 속속들이 알아야 해요. 정부가 모르는 땅을 소유하고 있지는 않은지, 비밀스러운 회계 장부나 노출 안 된 은행 계좌는 없는지 등등 영국인들은 정부가 소득을 조사하는 과정에서 자신들의 은밀한 프라이버시가 노출되는 게 싫었어요.

 영국 정부는 "지금은 전황이 시급하니 이해해 달라. 대신 전쟁이 끝나면 소득세를 없애겠다. 그러니까 이건 어디까지나 한시적 세금일 뿐이다."라며 달랬고 영국인들은 마지못해 이에 동의했어요. 영국은 나폴레옹의 프랑스를 무찌르고 승리했어요. 그리고 약속대로 소득세를 폐지했어요. 소득세의 기준이 되는 서류인 소득세 신고서도 몽땅 불태워 부자들을 안심시켰어요.

 하지만 영국 정부는 꿀단지 같은 소득세의 달콤한 유혹을 도무지 포기할 수 없었어요. 30년 후, 신임 수상 로버트 필은 소득세를 부활시켰어요. 이때부터 소득세는 국고를 채워 주는 요술 주머니로서 많은 나라에서 뿌리를 내렸어요.

부자는 왜 세금을 더 내야 할까?

"부자는 돈이 많으니까 세금을 더 내는 건 당연하지!"라고 말하는 것은 설득력이 부족해요. 왜냐하면 그렇게 주장하는 사람들은 높은 확률로 고소득자가 아니고, 언젠가 그들도 많은 세금을 부담해야 하는 위치가 되면 언제 그랬냐는 듯 말을 바꿀 가능성이 크니까요. 세금은 대다수 국민이 납득할 수 있는 뚜렷한 명분과 목적이 있어야 해요.

국가는 부자들에게 일정한 사회적 책임감을 요구해요. 고소득층이 벌어들인 소득은 온전히 그들의 노력만으로 이룬 게 아니에요. 기업은 소비자가 있어서, 연예인은 열성적인 팬이 있어서, 스포츠 선수는 관중이 있기에 명예와 부를 쌓을 수 있으니까요.

우리나라는 1년에 300조에 가까운 국세를 징수해요. 그렇게 걷은 세금 중 국가가 가장 많이 사용하는 분야는 복지예요. 약 35퍼센트가 복지 정책에 할당되고 있답니다. 이는 무기를 구입하고 병사들을 먹이고 입히는 국방 예산의 4배가 넘는 엄청난 금액이에요. 왜 정부는 그토록 복지에 신경을 쓸까요?

대한민국은 상위 10퍼센트가 전체 부의 45퍼센트 이상을 보유한 국가예요. 이것을 좀 어려운 말로 빈부 격차라고 표현해요. 사람들에게는 자신과 타인을 비교하려는 본능이 있어요. 나보다 성적이 좋은 친구, 나보다 좋은 옷을 입고 좋은 자동차를 타는 사람을 보면서 우리는 부럽다, 나도 저렇게 되고 싶다는 자극을 느껴요. 그런 감정은 종종 자신을 좀 더 괜찮은 사람으로 이끄는 훌륭한 동기 부여가 되기도 하지만, 노력만으로 극복할 수 없는 높고 단단한 벽을 느낀 사람들을 좌절로 몰아가기도 해요. 분노하고 절망에 빠진 사람들은 사회와 국가의 시스템을 원망하면서 더는 신뢰하지 않아요. 국민의 애국심은 옅어지고 시민의 연대 의식은 느슨해져요. 빈부 격차는 필연적으로 사회적 갈등을 유발해요.

빈부 격차를 줄이는 가장 좋은 방법은 부자들이 기부한 재산을 저소득층에 분배하는 것이지만, 자발적으로 기부를 하는 부자들은 한정적이에요. 그래서 정부는 세금이라는 강제성 있는 수단을 동원해 저소득층에는 낮은 세금을 거두고, 고소득층으로부터는 많은 세금을 거둬 저소득층을 위해 사용해요. 빈곤층 가정과 경제활동을 할 수 없는 노인들에게 기초 생계비를 지급하고, 어린이들이 점심을 거르지 않게끔 무상 급식에 지원하고, 직업을 잃은 실업자와 장애인 등 사회적 약자와 취약 계층을 위해 세금을 사용해요. 이것을 소득 재분배 효과라고 부른답니다.

개인이 내는 소득세, 회사가 내는 법인세, 부모나 친척이 사망해서 그 재산을 물려받을 때 내는 상속세, 살아 있는 부모나 친척으로부터 재산을 받을 때 내는 증여세, 토지나 건물을 보유할 때 내는 종합부동산세 등이 대표적인 누진세예요.

무지의 베일

비행기 일등석에는 백인 승객 셋이 앉아 있었어요. 성공한 변호사와 대기업 회장, 거액의 연봉을 받는 유명 야구 선수, 그들은 오늘 처음 만났지만, 서로의 이름 정도는 들어서 알고 있었어요. 비행기가 이륙하자 셋은 고급 샴페인을 홀짝이며 이야기를 시작했어요.

변호사 : 다들 어제 뉴스 봤어요?

대기업 회장 : 아아, 봤어요. 정말 어처구니가 없더군요.

대기업 회장은 얼굴을 찌푸렸어요. 어제, 미국 대통령이 소수 인종과 장애인과 저소득층에 특별 우대 정책을 편다고 발표했어요.

변호사 : 대체 왜 유색 인종과 장애인은 대학에 진학할 때나 취업할 때 특별 대우를 받죠? 이건 백인과 건강한 사람에 대한 역차별 아닌가요?

옳소! 대기업 회장과 야구 선수는 흥분해서 목소리를 높였어요.

대기업 회장 : 그 많은 돈은 어디서 나오겠어? 결국, 우리 부자들이 낸 세금으로 지원하겠다는 거잖아. 이건 칼만 안 들었지 강도라고!

야구 선수 : 어떤 사람은 내가 운이 좋아 최고의 선수가 됐다고 하더군요. 웃기는 소리! 내가 이 자리에 오르기까지 얼마나 피나는 노력을 했는데.

변호사 : 맞아요. 미국은 기회의 땅이에요. 성공할 찬스는 누구에게나 열려 있어요. 그런데도 사람들은 노력은 안 하고 불평불만만…. 그나저나 아까부

터 비행기가 왜 이렇게 흔들리죠?

갑자기 비행기가 중심을 잃더니 곤두박질을 쳤어요. 세 사람은 까무룩 정신을 잃었어요. 그들이 눈을 떴을 때, 검은색 외투에 낯빛이 송장처럼 어두운 음산한 사내가 서 있었어요. 사내는 자신을 염라대왕이라고 소개하고는, "당신들은 비행기 추락 사고로 죽었어!"라고 말했어요. 셋은 기가 막혀 말이 나오지 않았어요.

염라대왕 : 좋은 소식과 나쁜 소식이 있는데, 어떤 것부터 들을래?

변호사 : 우리가 죽었는데, 좋은 소식이 있다고요?

염라대왕 : 지금 저승 인구가 포화 상태야. 너희들을 수용할 수 없어. 그래서 너희들을 환생시킬 거야.

살았다! 셋은 얼싸안고 덩실덩실 춤을 췄어요.

야구 선수 : 대왕님, 그럼 나쁜 소식이라는 건…?

염라대왕 : 너희들은 다시 태어날 거야. 물론 예전 기억은 다 사라져.

셋은 다시 할 말을 잃었어요. 다른 사람으로 태어난다는 건, 자신들이 보유한 고급 자동차와 수영장이 딸린 저택과 거액의 은행 계좌가 날아간다는 뜻이에요. 너무 억울하지만 그래도 죽는 것보다는 낫겠다 싶었어요.

염라대왕 : 지금부터 너희들이 태어날 세계를 선택할 기회를 주겠노라.

이게 뭔 소리야? 셋은 영문을 몰라 멀뚱멀뚱 염라대왕을 바라봤어요.

염라대왕 : 뭐야? 평행 세계 몰라? 아, 됐고! 이걸 보고 잘 판단하도록.

염라대왕은 '환생자를 위한 교육 영상'을 틀었어요. 영상에는 세 가지 세계의 모습이 차례로 소개되었어요. 첫 번째 세계는 소수 인종과 장애인 등이 힘들게 사는 사회였어요. 두 번째 세계는 반대였어요. 백인과 건강한 사람이 사회적 약자가 되어 차별받는 사회였어요. 세 번째 세계는 소수 인종과 장애인과 저소득층이 교육과 의료, 취업 등에서 어느 정도 혜택을 받는 사회였어요. 비록 중산층과 고소득층의 생활 수준에는 미치지는 못하지만, 사회적 약자가 최소한의 삶을 유지하도록 사회가 보장해 주고 있었어요.

셋의 머릿속은 복잡했어요. 마음 같아서는 백인이 기득권을 쥔 첫 번째 세계를 선택하고 싶지만, 다시 백인으로 태어난다는 보장이 없어요. 재수 없으면 소수 인종 가정에서 태어나거나 장애인으로 태어나 평생 힘들게 살아야 해요. 그렇다고 두 번째 세계를 선택할 수도 없어요. 백인으로 태어나면 완전히 망하는 거니까요. 셋은 말이 없었지만 속으로 같은 생각을 했어요.

'안전하게 세 번째 세계로 하자!'

염라대왕은 그럴 줄 알았다는 듯 차갑게 웃었어요. "부활!" 하고 염라대왕이 외치자 셋은 다시 정신을 잃었어요. 다시 눈을 떴을 때 그들은 안락한 비행기 일등석에 앉아 있었어요. 뭐야? 꿈이었어? 샴페인에 취해 모두 깜박 잠이 들었나 봐요. 셋은 비로소 가슴을 쓸어내렸어요.

1971년, 미국인 정치철학자 존 롤스는 『정의론』이라는 책을 썼어요. 이 책에는 '무지의 베일'이라는 표현이 등장해요. 베일은 머리에 뒤집어쓰는 복면을 뜻해요. 이 베일을 쓰는 순간, 사람들은

자신의 기본적인 정보를 망각해요. 내가 남자인지 여자인지, 부자인지 가난한 사람인지 전혀 기억할 수 없어요. '아는 것이 없다'라고 해서 무지의 베일이에요.

롤스는 국가의 법과 제도, 사회적 원칙 등을 결정할 때는 될 수 있는 대로 무지의 베일 상태여야 한다고 주장했어요. 사람은 자신의 이해관계에 민감해요. 백인은 백인에게 유리하게, 흑인은 흑인에게 유리하게, 부자는 부자에게 유리하게, 여자는 여자에게 유리하게. 하지만 자신이 어떤 사람인지 알지 못하면 사람들의 생각은 달라져요.

'나는 대체 누구지? 백인인가? 흑인인가?'

'내가 건물주면 다행인데, 백수일 수도 있잖아? 아아! 어쩌지?'

불안해진 사람들은 최악의 상황을 염두에 둬요. 사회적 약자를 배려하는 법과 제도의 필요성을 느끼지요. 타인을 배려해서가 아니라 자신을 위해서예요. 그렇다고 너무 많은 혜택을 주는 것도 곤란해요. 베일을 벗고 보니 사실은 내가 꽤 잘 나가는 사람일 수도 있잖아요? 그래서 가급적 사회적 약자에게 혜택을 많이 주되, 기본적인 사람들 간의 격차는 인정하는 방식을 선택해요. 말하자면, 저소득층이 혜택을 아무리 많이 받아도 중산층을 추월하지는 못하도록 아슬아슬한 경계선을 긋는 거예요. 롤스는 이것을 '차등의 원칙' 혹은 '공정한 불균형'이라 불렀어요. 모든 주차장에 의무적으로 할당된 장애인 주차구역, 농어촌 자녀 특별 전형, 장애인 특별 채용, 저소득층 지원금 등 오늘날 많은 국가에서 실시하는 복지 정책에는 사회적 약자를 배려하자는 롤스의 주장이 담겨 있어요.

Chapter 3
우리는 우리도 모르는 사이에 세금을 내고 있다

동네에 중국집이 신장개업했다. 어떤 곳일까 궁금했던 미래는 친구와 가 봤다. 한쪽 벽에 큼지막한 메뉴판이 붙어 있었다. 친구가 말했다.
"와, 여기는 싸다. 다른 중국집은 짜장면이 5500원인데, 여기는 5000원이야."
"응. 짬뽕도 다른 중국집은 7700원인데, 여기는 7000원이네."
친구는 짜장면을, 미래는 짬뽕을 주문했다. 과연 맛은 어떨까? 괜찮았다. 종종 와야겠다고 미래는 생각했다. 두 사람은 계산대로 갔다. 그런데 중국집 사장님이 뜻밖의 말을 했다.
"13200원입니다."
미래는 깜짝 놀랐다. 13200원이면 다른 중국집에서 먹는 것과 같은 가격 인데…
"네? 짜장면이 5000원이고 짬뽕이 7000원이면 12000원이잖아요?"
"아닙니다. 짜장면 5500원, 짬뽕은 7700원입니다."
"하지만 분명 메뉴판에는…"
"하하, 메뉴판 아래를 보세요."
메뉴판 아래에는 깨알 같은 글씨가 적혀 있었다.
'부가가치세 별도입니다.'
친구의 얼굴이 일그러졌다. 미래는 여전히 어리둥절했다. 친구는 왜 화가 났고, 부가가치세 별도라는 건 대체 무슨 뜻일까?

부가가치세란 무엇일까?

편의점에서 콜라나 라면을 살 때, 여러분은 영수증을 꼭 챙기나요? 아마 대부분은 영수증을 그냥 버릴 거예요. 다음에는 물건을 살 때 영수증을 달라고 해서 유심히 살펴보세요. 1100원짜리 콜라 영수증에는 대략 이렇게 적혀 있을 거예요.

물품가액과 부가가치세라는 낯선 단어들이 보여요. 어떤 영수증에는 공급가액이라고도 적혀 있는데, 순수한 그 물건의 가격을 말해요. 원래는 이 가격대로 물건을 팔아야 하지만, 정부는 이 가격에 10퍼센트의 세금인 부가가치세를 덧붙였어요.

예를 들어, 짜장면 한 그릇이 5500원이면 5000원은 물품가액이고, 500원이 부가가치세랍니다. 우리가 구매하는 대부분의 상품과 서비스에는 부가가치세라는 세금이 붙어 있어요. 결국, 소비자들은 부가가치세 때문에 원

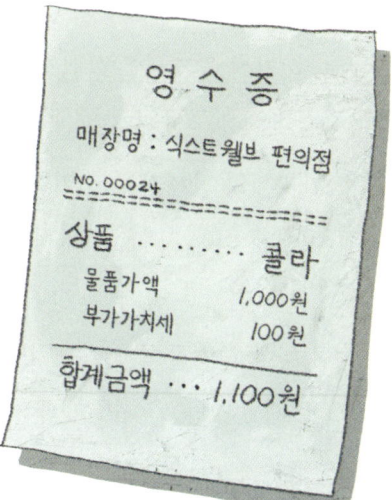

래 가격보다 10퍼센트 비싸게 구매를 해야 해요. 그러다 보니 판매자만 좋은 일을 시켜 주는 게 아닌가 의심하는 사람도 더러 있어요.

하지만 부가가치세는 판매자의 주머니 속으로 들어가는 돈이 아니에요. 세금은 엄연히 나라에 낼 돈이니까요. 중국집 주인은 짜장면 한 그릇을 팔 때마다 5500원에서 부가가치세 500원을 따로 떼어내 보관한 다음, 정해진 기간에 세무서에 내야 해요. 부가가치세를 내는 책임은 법적으로 판매자에게 있기 때문이에요. 그래서 판매자에게도 부가가치세는 상당히 번거로운 존재예요. 장사하기도 바쁜데, 부가가치세를 분리하고 보관하고 납부도 해야 하니까요.

그런데 좀 이상하지 않나요? 부가가치세는 결국 소비자가 낸 돈인데 왜 판매자가 납부할까요? 만일 소비자가 모든 부가가치세를 직접 내야 한다면, 휴지 하나 살 때도 세무서에 가야 하고, 식당에서 밥을 먹은 다음에도 세무서로 가야 해요. 차라리 소비자가 물건을 살 때 부가가치세를 가게에 건네주고, 판매자가 한 번에 납부하는 편이 효율적이에요.

이것이 소득세와 다른 점이에요. 소득세는 실제로 세금을 내는 담세자와 납부하는 납세자가 같아요. 이런 세금을 직접세라고 부른답니다. 부가가치세의 담세자는 소비자이지만, 실제로 납부하는 사람은 판매자예요. 이렇게 담세자와 납세자가 다른 세금을 간접세라고 해요.

일부이기는 하지만, 판매자 중에는 일부러 부가가치세를 뗀 가격을 표시하는 사람들이 있어요. 만약 짜장면이 5500원이면, 부가가치세 500원을 떼고 5000원이라고 메뉴판에 적는 거예요. 조금이라도 싸게 보여서 손님들을 끌어들이려고요. 하지만 손님들은 계산할 때 500원을 추가로

오일 쇼크(Oil Shock)란?

원유 생산국이 밀집된 중동에서 발생한 전쟁으로 국제 유가가 급등한 사건을 말해요. 오일 쇼크는 두 차례에 걸쳐 발생했는데, 1차 오일 쇼크는 1973년부터 1974년까지이고, 2차 오일 쇼크는 1979년부터 1981년까지였어요.

내야 하니까 결국 마찬가지예요. 이것을 부가가치세 별도라고 해요. 부가가치세는 상품값에 포함되어 있지 않으니 따로 내야 한다는 뜻이에요.

우리나라는 1977년, 아시아 국가 중 처음으로 부가가치세를 도입했어요. 당시 우리나라에는 물품세, 직물류세, 석유류세, 전기가스세 등 특정 상품에만 붙는 부가가치세 비슷한 세금들이 있었어요. 정부는 이 세금들을 부가가치세 하나로 통합했어요. 상인들은 안 그래도 장사가 안 돼서 힘든데, 부가가치세 때문에 손님들이 더 오지 않을 거라며 아우성이었어요. 당시 우리나라는 오일 쇼크의 여파로 물가가 매우 높은 상태였어요.

동대문 시장, 남대문 시장, 평화 시장 등 한국을 대표하는 재래시장 상인들은 문을 닫으며 부가가치세에 저항했어요. 그 무렵 한국은 군부가 장기간 정권을 잡은 군사 독재 기간이었어요. 1979년, 부산과 마산에서 군사 독재에 저항하는 대규모 시위가 발생했어요. 이것을 부마항쟁(부산과 마산에서 일어난 항쟁)이라고 불러요. 시위대가 내건 구호 중에는 "부가가치세를 폐지하라!"라는 문구도 있었어요.

몇 년 후, 정부는 진지하게 부가가치세 폐지를 검토했어요. 그런데 이번에는 국민이 반대했어요.

"바꾸지 마! 이제 겨우 적응되었단 말이야."

면세 이야기

1936년, 아일랜드에 3100미터의 활주로를 갖춘 섀넌 공항이 오픈했어요. 공항의 식사와 음료를 담당한 직원 브랜던 오리건은 어떻게 하면 공항의 수익을 늘릴 수 있을까 생각했어요.

당시에는 항공 기술이 발달하지 못해서 비행기가 먼 거리를 비행할 수 없었어요. 유럽과 미국을 오가는 비행기들은 섀넌 공항에 일단 착륙해 항공유를 보급받은 다음 출발했어요. 비행기가 급유를 받는 동안, 승객들은 공항 벤치에 앉아 몇 시간이고 하릴없이 대기해야만 했어요. 무료하고 따분한 시간을 보내는 승객들을 지켜보던 오리건의 머릿속에 기발한 아이디어가 반짝 떠올랐어요.

"공항 내부에 싼값에 쇼핑할 수 있는 가게를 열자!"

이 승객들은 출발할 때 출국 심사를 받은 사람들이에요. 그런데 섀넌 공항은 잠시 대기하는 곳이지 목적지가 아니에요. 말하자면, 승객들에게 이곳은 어느 나라에도 속하지 않는 국적 없는 바다, 공해상과 같은 곳이에요. 그 말은 어느 국가의 세법(세금법)도 적용되지 않는 자유 지대란 뜻이기도 해요. 섀넌 공항에서 물건을 팔 때 상품에 붙어 있는 부가가

치세를 없애도 전혀 문제가 되지 않았어요. 상품에서 걸리적거리는 부가가치세를 떼어 버리자 가격은 낮아졌고 승객들은 앞다퉈 매장으로 몰려들었어요. 세계 최초의 면세점은 이렇게 시작되었어요. 면세점이란 부가가치세가 면제되는 상품을 파는 점포란 뜻이에요.

　면세점에는 택스 프리(Tax Free)와 듀티 프리(Duty Free) 두 종류가 있어요. 프리(Free)는 자유롭다란 뜻 외에 '무엇무엇이 없다'라는 뜻도 가지고 있어요. 택스 프리는 주로 부가가치세가 없는 가게를 뜻하고, 듀티 프리는 부가가치세는 물론 담배에 붙는 담뱃세, 술에 붙는 주세, 그리고 수입품에 붙는 관세까지 면세가 되는 매장을 말해요.

　면세점 상품은 아니지만, 국가에서 부가가치세를 면세해 주는 재화와 서비스도 있어요. 쌀, 보리 등의 곡류와 가공하지 않은 생선과 육류 등의 식자재, 책, 잡지, 신문, 예술 창작품, 도서관과 박물관 등의 입장료와 버스와 전철 요금 등의 교통비와 의료비와 약품에도 부가가치세가 없어요. 국민이 조금이라도 저렴한 가격에 기초 생활 필수품을 사고 교육 서비스와 문화생활을 누리고 의료와 보건의 혜택을 받을 수 있게끔 국가가 배려하는 것이에요. 다만, 의약품의 경우 병원에서 발급한 처방전으로 구입하는 전문 의약품에는 부가가치세가 없지만, 처방전 없이도 약국이나 편의점에서도 살 수 있는 반창고나 소화제, 해열제 등 일반 의약품 가격에는 부가가치세가 포함되어 있어요.

우리는 우리도 모르는 사이에 세금을 내고 있다

소득세가 소득에 부과하는 세금이라면, 간접세는 소비에 부과하는 세금이에요. 그래서 소득이 전혀 없는 어린이도 사탕을 살 때마다 내야 하는 게 간접세예요.

하지만 많은 사람들이 자기가 간접세를 내고 있다는 사실을 잘 깨닫지 못해요. 부가가치세가 제품 가격에 숨어 버렸기 때문이에요. 우리가 평소 얼마나 많은 간접세를 내고 있는지 안다면 놀랄 거예요. 2020년을 기준으로 대한민국에서 1년 동안 국세로 걷히는 세금은 약 280조 원인데, 약 55퍼센트가 소득세와 같은 직접세이고, 나머지인 45퍼센트가 간접세예요. 미국은 간접세

비중이 10퍼센트이고, 우리나라가 속한 OECD 국가의 평균이 20퍼센트이니까 한국은 간접세 비중이 매우 높은 국가라고 말할 수 있어요.

세금을 징수하는 국가의 입장에서 보면 간접세는 여러모로 고마운 세금이에요. 소득세와 같은 직접세를 국가가 징수하기 위해서는 국민의 소득과 재산이 얼마나 되는지 샅샅이 조사하는 번거로운 작업이 필요해요. 또 국가가 소득세를 높이려고 하면 국민은 불만을 쏟아내요. 이렇게 국민이 세금에 반발하는 현상을 조세 저항이라고 불러요.

간접세는 소득 조사가 필요 없어요. 판매자들이 소비자를 대신해 내 주기 때문에 징수 비용도 많이 들지 않아요. 무엇보다 국민은 자신들이 간접세를 내고 있다는 사실을 아주 종종 잊어버리기 때문에 조세 저항도 적어요. 그래서 간접세를 스텔스 세금이라고 불러요. 스텔스(Stealth)는 레이더에 포착되지 않는 특수 전투기를 말해요. 우리는 우리도 모르는 사이에 세금을 내고 있어요.

역진성과 인두세

연희의 소득은 2만 원이고, 민지의 소득은 20만 원이에요. 두 사람은 한 달에 한 번, 같은 미용실에서 머리를 다듬어요. 미용실 가격은 2만 2천 원이고, 그중 2천 원은 부가가치세예요. 부가가치세는 동일하지만, 두 사람의 소득에서 부가가치세가 차지하는 비중은 달라요. 연희는 소득 대비 부가가치세 비중이 10퍼센트지만, 민지에게는 1퍼센트에 불과해요. 부가가치세는 소득이 낮을수록 세금 부담이 높아요. 이것을 세금의 역진성이라고 불러요. 역진성이란 역방향, 즉 반대 방향으로 나아가는 현상을 말해요. 고소득자에게 많은 세금을 거둬 소득 불평등을 개선하려는 직접세와 반대라서 그런 이름이 붙었어요. 이것이 간접세의 큰 단점이에요

과거에 간접세와 비슷한 인두세라는 세금이 있었어요. 인두세(人頭稅), 풀이하면 사람(人)의 머리(頭) 숫자에 매기는 세금이에요. 인두세는 성인이라면 소득과 재산과 상관없이 같은 금액을 내는 세금이에요. 예를 들어, 인두세가 만 원이면 집에서 놀고 있는 백수든, 살림만 하는 전업주부든, 100만 원을 버는 노동자든, 월급이 1000만 원이 넘는 의사든,

모든 성인은 만 원을 내야 해요. 인두세는 오랫동안 사람들의 거센 저항과 반발을 불러일으켰어요. 부자에게 유리한 세금이니까요. 지금은 공식적으로 인두세가 사라졌지만 비슷한 성격의 세금이 하나 남아 있어요. 바로 주민세예요.

주민세는 직업이 있든 없든, 재산이 많든 적든, 월급이 적든 많든, 그 지역에 거주하는 성인 주민이 같은 금액을 내는 세금이에요. 다만, 인두세와 다른 점은 인두세가 모든 성인이 내는 세금이라면, 주민세는 세대주만 내면 돼요. 세대주란 가족을 대표하는 사람인데, 보통 아버지가 세대주로 등록되어 있답니다. 최근에는 혼자 사는 1인 가구 숫자가 크게 증가하는 추세예요. 이런 경우는 그 사람이 1인 세대주가 되는 거예요. 그래서 주민세의 별명이 현대판 인두세랍니다.

사치세의 다른 이름, 개별소비세

간접세의 역진성 문제를 개선하기 위해 각 나라는 또 다른 간접세를 실시하고 있어요. 주로 부자들이 구매하고 이용하는 보석이나 모피 같은 값비싼 제품과 골프장, 스키장 등 고급 레저 스포츠 입장료에 특수한 세금을 부과해요. 공식 명칭은 개별소비세지만, 사치품에 붙는 세금이라고 해서 사치세라고도 불려요. 영어

> ### 💡tip 자동차는 사치품인가
>
> 현재 개별소비세에서 가장 뜨거운 감자는 자동차이다. 경차(작은 차)는 개별소비세가 없지만, 배기량 1000cc 이상의 자동차를 사려면, 공장에서 갓 출고한 가격(출고가)의 5퍼센트를 개별소비세로 내야 한다. 과거에야 자동차가 귀했지만, 지금은 국민 절반이 자동차를 보유하고 있고, 대중교통이 불편한 지방에서는 자동차가 필수이다. 국민은 자동차가 더 이상 사치품이 아닌데도 개별소비세를 유지하는 것은 옳지 않다며, 자동차 개별소비세를 폐지해야 한다고 목소리를 내고 있다.

로 럭셔리 세금(Luxury Tax)이니까, 사치세라는 이름이 더 정확하겠네요.

우리나라는 1976년 **특별소비세**라는 이름으로 도입되었어요. 텔레비전, 세탁기, 냉장고, 등의 가전제품과 설탕, 피아노, 골프 용품, 수상스키용품, 자동차 등의 재화와 골프장, 카지노, 경마장, 목욕탕 입장료 등이 대상이었어요. '설탕과 텔레비전이 무슨 사치품이야?'라고 생각하겠지만, 50년 전까지 설탕과 텔레비전은 서민들은 선뜻 살 수 없는 고가 제품이었어요.

오늘날 백화점 상품권처럼 설탕으로 교환해 주는 설탕 교환권이라는 상품도 있었는데, 명절 선물로 인기였어요. 또 축구 한일전이라도 열리는 날에는, 텔레비전이 있는 집 안방에 동네 사람들이 모여 공동 응원을 하는 것이 당시의 흔한 풍경이었어요. 한국 경제가 고속 성장을 거듭하고 국민소득이 증가하면서 가정마다 텔레비전과 세탁기, 냉장고를 갖추게 되었어요. 더 이상 가전제품은 사치품이 아니었지만, 정부는 계속 세금을 거뒀어요. 막대한 세금 수입을 단념할 수 없었기 때문이에요. 그렇게 질질 끌다가 설탕은 1999년, 목욕탕은 2000년, 그리고 가전제품은 2016년이 되어서야 비로소 제외되었어요.

세금으로 행동을 교정할 수 있을까?

12세기, 영국에는 살인세라는 기상천외한 세금이 있었어요. 살인 사건 발생 후 6개월이 지나도 범인을 체포하지 못한 해당 지역 관리는 벌금 형식의 세금을 내야 했어요. 지역 치안을 똑바로 책임지라는 의미였어요.

1697년, 러시아 황제 표트르 대제는 서유럽 시찰을 떠났어요. 서유럽의 발달된 제도와 눈부신 문물을 확인한 표트르 대제는 러시아가 근대화를 이루려면 서유럽의 방식을 모방해야 한다고 믿었어요. 1698년 9월 5일, 표트르 대제는 이발사를 불러 수염을 말끔하게 자르도록 했어요. 그런 다음 러시아 남성들은 수염을 기르지 못한다고 명령했어요.

오랫동안 러시아 남성들은 수염을 신이 내려준 선물이라 생각해 덥수룩하게 수염을 기르고 다녔어요. 반면 표트르 대제가 만난 서유럽 남성들은 대체로 면도가 잘된 깔끔한 얼굴들이었어요. '근대화의 첫걸음은 면도부터'가 표트르 대제의 생각이었어요. 러시아 남성들은 반발했어요.

"수염을 자르겠다고? 차라리 내 목을 잘라라!"

표트르 대제는 목을 자르는 대신, 수염세를 만들어 세금을 낸 사람만 수염을 기를 수 있도록 했어요. 수염을 기른 관리는 해고되었고, 여행할 때는 동전 모양의 수염 토큰을 의무적으로 휴대하도록 하는 등 여러모로 불이익을 줬어요. 수염세는 국가의 세금 수입을 늘리려는 목적도 있었지만, 낡은 관습에 젖은 국민의 의식을 깨워 근대화로 이끌려는 계몽의 의도도 있었어요. 이처럼 국가가 국민의 행동을 교정하는 목적으로 부과하는 세금을 교정세라고 불러요.

술 가격에 붙는 주세, 담배 가격에 부과하는 담뱃세, 경마에 부과하는 경마세, 카지노 같은 도박에 부과하는 도박세가 대표적인 교정세이자 간접세예요. 술과 담배는 건강에 해롭고, 경마와 도박은 사행성(행운을 바라며 낮은 확률에 돈을 벌려는 행동)이 짙은 놀이 문화예요. 높은 세금으로 소비를 억제해 국민의 건강을 증진하고 건전한 여가 생활을 유도하겠다는 게 정부의 의도예요. 그래서 교정세는 죄악세라고도 불려요.

가장 이상적인 교정세란, 단 한 푼의 세금도 걷히지 않는 것이에요. 그건 국가가 원한대로 국민의 행동이 교정되었다는 의미니까요. 2015년, 정부는 국민 건강을 위해 담배 소비를 줄이겠다며 담뱃세를 크게 올렸어요. 한 갑에 2000원이던 담배 가격은 80퍼센트 가까이 상승했지만, 담배 소비량의 극적인 감소는 없었어요. 담배는 중독성이 강한 기호품이에요. 다수의 흡연자들은 가격 상승에도 불구하고 담배를 끊지 못했어요.

만일 정부가 담뱃값을 80퍼센트가 아닌 80만 퍼센트쯤 올려 담배 한 갑이 1600만 원 정도가 되었다면 흡연자들도 더는 버틸 수 없었을 거예요. 그리고 국가는 흡연율을 떨어뜨려 국민 건강을 증진하겠다는 소기의 목적을 달성할 수 있었을 거예요. 하지만 어떤 국가도 그런 무모한 가격 인상은 시도하지 않아요. 모든 세금이 그렇지만, 교정세에도 세금 수입 증대라는 또 다른 목적이 숨어 있기 때문이에요.

실패로 끝난 교정세들도 있어요. 18세기, 영국 초대 수상 로버트 월폴은 정부를 비판하는 신문을 눈엣가시처럼 여겼어요. 월폴은 언론을 길들이기 위해 지식세라는 세금을 고안했어요. 지식세는 간접세의 하나인 인지세에 속해요. 인지세란 신문, 팸플릿 등의 출판물과 권리를 증명하는 서류에 부과하는 세금을 말해요. 월폴은 신문 페이지 숫자만큼 지식세를 내도록 했어요. 신문사는 세금을 덜 내려고 신문을 큼지막하게 만들었어요. 그 전통이 지금까지도 계속되고 있어요. 월폴의 계획은 성공하지 못했어요.

2011년, 덴마크 정부는 국민의 높은 비만율이 사회적 문제로 대두되자 비만세라는 세금을 만들었어요. 비만세는 우유, 피자, 식용유 등 포화지방이 듬뿍 함유된 식품에 부과되는 세금이에요. 덴마크인들은 비만세가 없는 이웃 나라로 차를 몰고 가 트렁크가 터지도록 고열량 식품을 꽉꽉 채워 돌아왔어요. 다음 해, 덴마크는 비만세를 폐지했어요.

세금과 미국의 독립전쟁

1773년 12월 16일 저녁 7시.

축축한 비가 내리는 보스턴 항구에 인디언 복장을 한 백인 남자들이 나타났어요. 그들은 얼굴에는 검댕을 칠했고 손에는 도끼를 들고 있었어요. 가짜 인디언들은 항구에 정박 중인 3척의 영국 상선에 올라탔어요. 그들은 배에 실린 342척의 나무 상자를 꺼내 바다에 던졌어요. 상자에 든 것은 중국 남부 푸젠성에서 수입한 홍차였어요. 보스턴 앞바다는 홍차의 붉은빛으로 물들었어요. 지켜보던 시민들은 손뼉을 치고 환호성을 질렀어요. 역사책은 이 일을 보스턴 차 사건이라고 기록해요.

보스턴 차 사건이 발생하기 20여 년 전, 미국은 영국과 프랑스의 지배를 받고 있었어요. 영국 식민지는 보스턴이 있는 동부 해안에 몰려 있었고, 프랑스는 중부 내륙에 넓은 식민지를 갖고 있었어요. 1756년, 영국과 프랑스는 미국의 진정한 주인을 가리기 위한 7년간의 전쟁에 돌입했어요. 승자는 영국이었지만, 기나긴 전쟁으로 영국 재정은 파산 상태였어요. 영국은 미국에 돈을 요구했어요.

"우리가 프랑스로부터 너희들을 지켜 줬잖아? 그러니까 돈을 좀 내야지."

"미안. 우리도 돈 없어."

미국이 딱 잘라 거절하자, 영국은 식민지 미국에 막대한 세금을 부과했어요. 설탕, 포도주, 커피, 비단, 신문, 유리, 종이, 페인트, 잉크, 심지어 졸업장까지, 거의 모든 제품에 세금이 따닥따닥 붙기 시작했어요. 간접세 폭탄이었어요.

미국은 그런 영국의 정책이 몹시 언짢았어요. 사실 말이 식민지이지, 그동안 미국은 별다른 간섭을 받지 않았어요. 지리적으로 영국과 멀리 떨어져 있는 데다, 영국은 미국 말고도 전 세계에 분포된 식민지를 관리하느라 바빴어요. 덕분에 미국은 상당한 자치권을 누릴 수 있었답니다.

"세금을 부과하는데 왜 우리의 의견은 듣지 않지? 식민지라고 무시하는 거야?"

미국은 자신들의 대표가 참석하지 않은 상태에서 영국 의회가 통과시킨 세금은 무효라고 주장했어요. 이것이 그 유명한 '대표 없는 곳에 세금 없다.'라는 구호예요. 급기야 미국에 파견한 영국군과 미국인 시위대가 충돌하면서 유혈 사태까지 발생했어요. 일촉즉발의 팽팽한 긴장감이 양측에 감돌았어요. 영국은 일단 한발 뒤로 물러났어요. 이제 막 프랑스와의 전쟁이 끝났는데, 괜히 미국을 자극했다가 반란이라도 일어나면 영국으로서는 곤란했어요. 영국은 미국을 달래기 위해 세금을 폐지했어요. 단, 홍차에 대한 세금만 빼고 말이에요.

당시 영국에는 동인도 회사라는 무역 회사가 있었어요. 이 회사는 주로 아시아와 무역을 하는 회사였어요. 주력 상품은 인도와 중국에서 재배된 차였어요. 처음 유럽 상인들이 아시아에서 차를 샀을 때는 잎이 초록색인 녹차(Green Tea)였어요. 유럽에 도착했을 때 상자를 열어 보니 찻잎은 까만색으로 변해 버렸어요. 먼 거리를 항해하는 동안 찻잎이 햇빛에 발효가 되어 버린 거예요. 아뿔싸, 차가 상했구나! 유럽 상인들은 발을 동동 굴렀어요. 버리자니 아까워서 유럽인들은 뜨거운 물에 차를 우려 마셔 봤어요. 그런데 맛이 기가 막혔어요. 이것이 검은 잎 차(Black Tea), 홍차의 유래예요.

홍차는 유럽을 휩쓸었어요. 유럽인들은 홍차에 설탕이나 우유를 넣어 마시는 것을 최고의 휴식이자 즐거움으로 생각했어요. 영국 식민지인 미국에서도 홍차의 인기는 대단했어요. 인구 200만 명의 미국인은 1년에 약 430톤의 홍차를 먹어 치웠어요. 문제는, 영국산 홍차 값이 대단히 비쌌다는 사실이에요. 미국은 홍차를 싸게 구하려고 네덜란드로부터 몰래 홍차를 밀수했어요. 이렇게 되자, 동인도 회사는 홍차가 안 팔려 경영난에 빠졌어요. 영국은 동인도 회사를 돕기 위해 새로운 세금법을 만들었어요. 동인도 회사가 미국에 파는 홍차에 붙는 세금을 대폭 깎아 줬어요. 네덜란드에서 밀수한 홍차보다 싸게 팔 수 있도록 말이에요. 여기에 동인도 회사만 미국에서 홍차를 팔 수 있는 독점권까지 부여했어요. 미국은 영국의 간섭이 도를 넘었다며 분개했어요. 미국은 인디언 결사대를 조직해 동인도 회사의 상선을 습격해 배에 실린 홍차를 바다에 던졌어요.

　영국은 이번에는 참지 않았어요. 영국 정부는 해군을 파견해 보스턴 항을 포위하고 찻값을 변상하라고 요구했어요. 미국은 영국의 요구를 묵살했어요. 1774년 9월, 미국 식민지 대표들은 필라델피아에 모여 영국과 맞서기로 뜻을 모았어요. 이제 전쟁은 피할 수 없었어요. 전쟁 초반에는 영국이 연전연승이었지만, 시민으로 구성된 미국의 민병대는 집요하게 영국군을 물어뜯으며 항전을 했어요. 수세에 몰린 영국은 1783년 9월 3일 미국의 독립을 승인했어요. 그리고 미국은 영국을 상징하는 홍차 대신 커피를 마시기 시작했어요.

Chapter 4
세금이 싫어!

한 남자가 맥도널드에서 빅맥 세트를 주문했다. 직원이 물었다.
"드시고 가시나요? 아니면 테이크 아웃이세요?"
"먹고 가겠습니다."
"5유로입니다."
남자는 햄버거를 들고 빈자리에 가서 앉았다. 남자는 햄버거를 한입 베어 먹으며 찬찬히 영수증을 읽었다. 분명히 먹고 간다고 했는데, 영수증에는 떡 하니 '테이크 아웃'이라고 적혀 있었다. 햄버거를 우물거리던 남자의 입가에 회심의 미소가 떠올랐다.
'딱 걸렸어!'

테이크 아웃과 정의맨

2010년, 독일 연방 세무청은 맥도널드 매장 몇 곳을 의심스러운 눈으로 주시하고 있었어요. 맥도널드를 이용하는 고객은 매장에서 먹는 사람과 테이크 아웃을 하는 사람, 이렇게 두 부류예요. 보통은 먹고 가는 사람이 더 많아요. 그런데 몇몇 매장은 테이크 아웃을 신청한 손님들이 압도적으로 많았어요. 안에서 먹든, 테이크 아웃을 하든 햄버거 가격은 동일해요. 하지만 세금은 달랐어요.

햄버거 가격에는 부가가치세가 포함되어 있고 **부가가치세는 판매자가 내야 하는 간접세**예요. 독일 세법은 매장에서 먹는 햄버거에는 19퍼센트의 부가가치세를, 테이크 아웃에는 7퍼센트의 부가가치세를 적용했어요. 안에서 먹을 때 세금이 많은 이유는 매장에서는 화장실을 이용할 수 있기 때문이에요. 가게는 이 점을 노렸어요.

빅맥 세트 가격이 5유로(약 7300원)라고 가정해 볼게요. 손님이 매장에서 먹으면 가게가 낼 세금은 0.95유로지만, 테이크 아웃을 하면 0.35유로밖에 안 돼요. 즉, **가게 입장에서는 테이크 아웃으로 처리해 버리면 내야 할 세금이 반 이상 줄어드는 거예요**. 그래서 몇몇 매장은 먹고

가는 햄버거 영수증 대부분에도 '테이크 아웃'이라고 표기한 다음 세무서에 신고해 세금을 적게 냈어요. 손님 입장에서는 어느 쪽이든 가격은 동일하니까 영수증에 뭐라고 찍히든 신경을 쓰지 않았던 거예요.

 독일 세무 당국은 이 점을 수상쩍게 여겼어요. 이 가게는 테이크 아웃 매출이 왜 이렇게 많지? 구린 냄새를 맡은 세무 공무원들은 손님으로 위장해 햄버거를 주문한 다음 영수증을 차곡차곡 모았어요. 그랬더니 가게에서 먹는 상당수의 햄버거 영수증에도 테이크 아웃이라고 찍힌 것을 알아냈어요. 얼마 후, 독일 내 맥도널드 매장 몇 곳은 탈세 혐의로 세무 조사를 받았어요. 탈세란 내야 할 세금을 기피하는 범죄 행위를 뜻해요. 소식을 들은 독일 프랜차이즈 협회 관계자는 이렇게 말했어요.

 "놀라운 일도 아니다. 이런 세금 조작은 다른 프랜차이즈에도 널리 만

연해 있는 현상이다."

독일 정부는 이런 수법으로 매년 수백만 유로의 세금 손실을 입고 있다고 발표했어요.

일본에도 비슷한 일이 발생해 이슈가 되었어요. 일본에서는 부가가치세를 소비세라고 부른답니다. 일본 소비세율도 한국처럼 10퍼센트예요. 일본 음식점이나 편의점에서는 테이크 아웃일 경우 소비세가 8퍼센트예요. 다만, 실내에서 먹든 테이크 아웃을 하든 가격은 같고 부가가치세만

다른 독일과 달리, 일본은 소비세가 고스란히 가격에 반영되어요. 예를 들어, 편의점에서 110엔(약 1000원) 하는 컵라면을 살 때 "테이크 아웃 하겠습니다."라고 손님이 말하면 가게는 108엔으로 2엔을 깎아 줘요.

이 점을 악용한 몇몇 손님들이 테이크 아웃으로 라면이나 포장 도시락을 구매한 다음 당당하게 실내에서 먹기 시작했어요. 이것을 이트 인(Eat In, 실내에서 먹는 것)이라고 불러요. 2퍼센트는 사소한 금액이지만, 어쨌든 탈세인 것은 분명해요. 그러자 정의감에 불타는 고객들이 응징에 나섰어요. 그들은 매장을 어슬렁거리며 사람들이 계산하는 모습을 매의 눈으로 감시했어요. 테이크 아웃을 신청한 사람이 실내에서 먹는 것이 눈에 띄면 즉각 직원에게 알렸어요.

"저기 창가에 앉아 라면 먹으면서 만화책 보고 있는 남자 있죠? 저 사람, 아까 테이크 아웃으로 샀는데 실내에서 먹고 있어요. 내가 봤다고."

"아… 네. 뭐, 알겠습니다."

"뭐야? 반응이 왜 이렇게 뜨뜻미지근해?"

가게 입장에서는 이런 고발이 썩 반갑지가 않았어요. 사장이나 직원들도 그런 뻔뻔한 사람이 있다는 것쯤은 이미 눈치채고 있지만, 상대는 하늘같은 고객이에요. "테이크 아웃으로 구매했으니 나가서 드셔야죠."라며 고객을 가게 밖으로 쫓아내는 건 말처럼 쉬운 일이 아니에요. 자칫 못 나간다며 소란이나 난동을 부릴 수도 있고, 망신을 당했다고 생각한 사람이 매장에 발걸음을 끊는 게 가게로서는 훨씬 더 걱정이었으니까요.

그러거나 말거나, 고발자들은 감시를 계속했어요. 일본인들은 정의를 실현하는 착한 고발자라는 뜻으로, 그들을 정의맨이라 불러요.

탈세 처벌과 유대인의 어음

세금의 제1원칙은 '소득이 있는 곳에 세금이 있다.'예요. 동시에 세금 있는 곳에는 항상 탈세도 있었어요. 일찍부터 국가는 탈세를 나라 수입에 구멍을 내는 중범죄로 간주해 엄하게 처벌했어요.

고대 이집트는 사람들이 보는 앞에서 탈세범을 나무에 묶어 놓고 100대의 채찍질을 가한 다음, 날카로운 칼로 살을 다섯 번 도려냈어요. 2500년 전부터는 아예 탈세범을 사형에 처했는데, 칼로 찔러 죽이거나 산 채로 태워 버렸어요. 중국 당나라는 아버지가 탈세로 체포되었다가 감옥에서 사망하면, 아들이 대신 감옥에 들어가 남은 형기까지 수감되었어요. 19세기, 일본은 탈세범의 귀를 잘랐어요. 조선 정부는 탈세의 규모에 따라 처벌도 달리 적용했어요. 죄질이 가벼운 자는 곤장 10대로 그쳤지만, 탈세액이 큰 경우는 곤장 100대를 때린 다음 먼 곳까지 유배를 보냈어요. 이건 사실상 사형이나 다름없어요. 건장한 남성도 곤장 30대만 맞으면 초주검이 되어 버리거든요.

보다 효율적으로 탈세를 적발하기 위해 각 나라는 탈세범을 밀고한 시민에게 포상금을 지급하거나 탈세범의 재산을 일부 나눠 주는 방법도 사용했어요. 현재 우리나라도 탈세를 신고한 시민에게 포상금을 지급하는 제도를 시행하고 있어요. 탈세범은 3년 이하의 징역과 감춘 세금의 최대 3배까지 내도록 법으로 규정하고 있어요.

서양 역사에서 세금으로 가장 고통 받은 민족은 나라를 잃고 떠돌던 유대인들이었어요. 유럽 국가들은 유대인의 재산을 마치 맡겨 놓은 것처럼 원할 때마다, 원하는 방식으로, 원하는 만큼 가져다 썼어요. 세금으로 다 뜯겨 알거지가 된 유대인들은 이제 쓸모가 없어졌다고 판단되어 추방되곤 했어요. 급하게 세금을 징수해야 할 때 가장 좋은 방법은 부유한 유대인 가족을 체포해 탑에 가두는 것이었어요. 13세기, 영국 국왕 존은 유대인 갑부에게 세금을 내라고 요구했어요. 거듭된 세금 독촉에 지친 유대인이 거절하자, 왕은 그 사람이 세금을 낼 때까지 하루에 이를 하나씩 뽑도록 했어요. 일주일 후, 이를 7개나 잃은 유대인이 세금을 내겠다고 약

어음이란?

어음은 돈의 역할을 하는 문서를 말한다. 어음에는 약속어음과 환어음이 있다. 약속어음이란 물건을 산 사람이 판매자에게 물건 값 대신 주는 증서이다. 예를 들어, 철수가 휴대전화 대리점에서 50만 원짜리 스마트폰을 샀다. 그런데 철수는 수중에 50만 원이 없다. 그때, 약속어음을 내밀면서 "내가 지금은 돈이 없지만, 다음 주가 월급날이에요. 그때 이 어음을 가져오시면 50만 원을 줄게요."라고 약속하는 것이다. 환어음은 내가 산 물건 값을 다른 사람에게 받으라면서 주는 어음이다. 철수는 스마트폰을 사면서 "내 친구 민수가 나한테 50만 원 줄 게 있어요. 이 어음을 갖다 주면 민수가 나 대신 50만 원을 줄 거예요."라고 말하며 주는 게 환어음이다.

속하자 존은 비로소 그를 풀어줬어요. 석방 후 유대인은 스스로 목숨을 끊었어요.

당시 유럽에 거주하던 유대인의 상당수는 돈을 빌려 주는 금융업에 종사했어요. 그들은 방코(Banco)라는 이름의 긴 나무 탁자 위에서 돈거래를 했는데, 오늘날 은행을 뜻하는 뱅크(Bank)와 벤치(Bench)도 여기서 유래한 말이에요. 유대인은 금융업으로 막대한 부를 축적했지만 언제 또 세금으로 빼앗길지 몰라 초조했어요. 세금 징수 청부업자들이 유대인 촌락 주변을 맴돌며 호시탐탐 감시 중이었거든요.

'금화나 은화는 부피가 커서 들통 나기 쉬워. 은밀하게 재산을 보관할 수 있는 수단이 필요해.'

좋은 방법이 없을까 고민

하던 유대인들은 돈의 가치를 증명하는 종이 문서를 만들었어요. 예를 들어, 내가 보유한 금화 30킬로그램을 1만 달러짜리 수표로 바꾸는 거예요. 이 수표만 있으면 은행에서 1만 달러를 지급받을 수 있지요. 이런 문서를 유가 증권이라고 불러요. 유가 증권은 휴대가 간편해서 은닉도 쉽고 여차하면 몸에 지닌 채 도주할 수도 있어요. 현대 지폐의 시초인 환어음도 유대인이 고안한 발명품이에요.

현금을 내면 깎아 드릴게요

미래는 스포츠 용품 매장에서 3만 2천 원에 수영복을 구입했어요. 카드로 계산을 하려는데, 주인이 넌지시 말했어요.

"현금으로 결제하시면 3만 원에 드릴게요."

"어머? 정말요?"

미래는 무려 2천 원이나 싸게 샀다는 생각에 기분이 좋아졌어요. 그런데 곰곰이 생각해 보니 뭔가 이상했어요.

'왜 현금으로 사면 싸게 해 주지? 그래도 가게는 손해가 없는 걸까?'

흔히 우리나라를 캐시리스(Cashless, 현금이 없는) 사회라 불러요. 신용카드, 체크카드, 현금카드, 휴대폰 페이로 껌 한 통도 살 수 있어요. 그런데 현금을 내면 가격을 할인해 주는 가게들이 가끔 있어요. 그러면 사람들은 싸게 살 수 있다는 생각에 그 제안을 덥석 받아들여요.

하지만 현금 할인은 불법이에요. 매장에 카드 결제기가 있는데도 굳이 현금으로 결제를 유도해 값을 깎아 주는 것은 탈세 의도가 있다고 의심되기 때문이에요. 세무서는 가게의 매출액, 그러니까 물건을 판 금액을 기준으로 세금을 책정해요. 매출액이 많으면 세금도 많아지고,

매출액이 적으면 세금도 적어져요. 고객이 신용카드나 휴대폰 페이로 재화와 서비스를 구매하면, 이 거래 내역은 전산화를 통해 자동으로 세무서에 통보가 된답니다. 덕분에 세무서 공무원들은 책상에 앉아서도 어느 가게의 매출액이 현재 얼마쯤인지 파악할 수 있어요.

그런데 현금을 받고 판 물건은 가게 주인이 신고하지 않는 이상, 세무서가 당장 알 방법이 없어요. 인심 쓰듯 손님에게 몇 푼 깎아 주고 매출을 신고하지 않는 편이 가게 주인에게는 훨씬 이익이에요. 수영복 10벌을 팔았는데, 2벌만 팔았다고 신고하면, 2벌에 대한 세금만 나오니까요. 정당하게 내야 할 세금을 기피하는 탈세예요.

이처럼 소득을 적게 신고하는 방법은 가장 일반적인 탈세 수법이에요. 옷 가게, 식당, 미장원 등 흔히 우리가 장사하는 사람들을 일컬어 자영업자라고 불러요. 개인 사무실을 소유한 변호사, 회계사, 세무사, 개인 병원 의사도 고객을 상대하기 때문에 자영업자에 속해요. 이런 전문직 자영업자들은 평균 소득이 높아요. 2017년 기준, 우리나라 고소득 자영업자들은 실제 번 소득의 절반만 신고한 것으로 드러났어요. 1000원을 벌어도 500원만 벌었다고 신고했다는 뜻이에요

반면, 직장에서 월급을 받는 근로자들은 탈세 문제에서 결백해요. 사실, 탈세하고 싶어도 그럴 수가 없어요. 왜냐하면 회사가 미리 월급에서 각종 세금과 세금이나 다름없는 국민연금, 의료보험료 등을 다 뗀 다음 근로자에게 지급하기 때문이에요. 이것을 원천징수라고 해요. 세무 당국이 모든 것을 훤히 들여다본다고 해서, 근로자들 월급을 유리 지갑이라고 부른답니다.

스타벅스의 탈세 수법

수십 년 전통에 빛나는 주식회사 쫀득 방앗간은 가래떡을 맛있게 뽑기로 소문난 기업이에요. 쫀득 방앗간은 이익의 20퍼센트를 법인세(기업이 내는 소득세)로 내요. 쫀득 방앗간은 100원어치 쌀을 사서 1000원어치 가래떡을 생산해 팔았어요. 그럼 미래 방앗간이 법인세로 내야 할 세금은 얼마일까요?

아마 200원이라고 생각한 친구들이 있을 거예요. 쫀득 방앗간의 매출은 1000원이고 세율이 20퍼센트니까요. 하지만 정답은 180원이에요.

방앗간이 떡을 만들려면 쌀이 필요해요. 쫀득 방앗간이 쌀을 구입하는 데 지출한 100원은 필요한 비용이에요. 만일 100원에 쌀을 사서, 100원어치 가래떡을 팔았다면 방앗간은 남는 게 없는 본전 상태에요. 여기에 세금까지 내라고 하면 너무 억울하잖아요? 그래서 법인세를 계산할 때는 기업이 올린 매출(1000원)에서 비용(100원)을 뺀 금액(900원), 즉 이익에만 세금을 부과해요. 그래서 쫀득 방앗간이 낼 세금은 이익인 900원의 20퍼센트인 180원이 되는 거예요.

이 점은 매우 중요해요. 기업으로서는 비용을 부풀려 크게 신고하면 이익은 줄어들고, 그만큼 세금을 적게 낼 수 있거든요. 세계적인 커피 전문점 스타벅스도 이 점을 이용해 탈세했어요.

스타벅스는 1998년 영국에 진출한 이래 15년간 약 30억 파운드, 한화로 약 5조 원이라는 천문학적 매출을 올렸지만, 세금은 거의 내지 않았어요. 사정은 프랑스와 독일에서도 마찬가지였어요. 어떻게 이런 일이 가능했을까요?

커피를 만들어 팔려면 원료인 커피콩(원두)이 필요해요. 스타벅스는 스위스에 있는 원두 수입회사로부터 커피콩을 사들였어요. 이 회사는 겉으로는 스타벅스와 다른 회사처럼 보이지만, 사실 스타벅스가 세운 회사예요. 비유하자면, 아버지 회사가 아들 회사의 물건을 사 주는 셈이에요. 스타벅스는 이 스위스 회사로부터 커피콩을 살 때, 일부러 터무니없이 비싼 가격을 지불했어요. 스타벅스가 커피콩을 비싸게 샀다고 세무 당국에 신고하면, 이익

도 그만큼 줄어드니까 세금을 적게 낼 수 있거든요.

한편, 스위스 회사는 커피콩을 비싸게 팔았으니 매출과 이익이 큰 폭으로 증가했어요. 이익이 높으면 더 많은 세금을 내야 하지만 이것도 걱정할 것 없었어요. 스위스는 세금이 낮은 국가예요. 법인세가 영국의 절반

도 되지 않아요. 결과적으로 스타벅스는 세금이 비싼 영국에서는 이익을 적게 나오도록 꾸미고, 세금이 낮은 스위스에서는 이익이 높게 나오도록 조작해 양쪽에서 모두 세금 혜택을 누렸어요. **국가마다 세금이 다르다는 점을 노린 지능적인 탈세 수법**이에요.

비단 스타벅스만 그런 게 아니에요. 구글, 아마존, 페이스북 등 다른 세계적인 기업들도 같은 수법으로 세금을 조금만 내고 있어요. 2012년, 영국 의회와 언론은 스타벅스가 교묘하게 탈세를 했다며 강력하게 규탄했어요. 도덕적 비난이 쇄도하자 2013년 스타벅스는 꼬리를 내렸어요. 스타벅스는 제대로 세금을 내겠다고 발표했어요.

조세 피난처란 무엇일까?

카리브해의 섬 케이맨 제도에는 아담한 5층 건물이 있어요. 이 건물에는 한국 기업 넷을 포함 약 1만 8천 개가 넘는 회사가 등록되어 있어요. 보통의 상식으로는 이해할 수 없는 일이에요. 15층 아파트라고 해도 100가구가 채 안 되는데, 어떻게 5층 건물에 그 많은 회사가 있을 수 있을까요? 간단해요. 이 회사들은 단지 우편 주소만 있을 뿐, 물리적 실체가 없거든요. 직원도 없고, 책상도 없고, 물론 사무실도 없어요. 페이퍼 컴퍼니(Paper Company)예요. 서류(페이퍼)상으로만 존재하는 회사(컴퍼니)란 뜻이에요.

언뜻 불법처럼 보이지만, 페이퍼 컴퍼니는 법적으로 전혀 문제가 없어요. 회사를 설립하는 데 사무실과 직원이 있어야 한다는 규정은 없기 때문이에요. 얼마의 돈과 임원에 앉힐 사람 이름과 주소지 정도만 있으면 누구나 회사를 설립할 수 있어요.

케이맨 제도는 소득세와 법인세가 없어요. 그래서 전 세계 수많은 기업이 앞다퉈 여기에 회사를 세우고 싶어 해요. 이런 곳을 조세 피난처(Tax Haven)라고 불러요. 헤이븐(Haven)은 천국(Heaven)과 단어

유령 회사란?

유령 회사는 유령처럼 존재하지 않는 회사를 말한다. 페이퍼 컴퍼니와 비슷해서 같은 뜻으로 알려져 있기도 하지만 유령 회사와 페이퍼 컴퍼니는 다르다. 페이퍼 컴퍼니는 비록 서류상이지만 분명히 국가에 등록된 회사이고 합법이다. 유령 회사는 서류에도 등록되어 있지 않은 불법 회사이다.

가 비슷하지만, 피난처라는 뜻이에요.

조세 피난처는 탈세범들에게도 인기가 높아요. 부자와 부패한 정치가와 권력자, 불법적인 수단으로 막대한 부를 쌓은 범죄자들은 어떻게 하면 세무 당국의 감시망으로부터 재산을 숨길 수 있을지 늘 고심해요. 가장 좋은 방법은 세무 당국의 추적을 피해 해외로 돈을 빼돌리는 거예요. 하지만 대부분 국가는 위험해요. 오늘날 국가들은 상호 조세 조약을 맺고 있어서 의심스러운 돈이 외국으로 빠져나간 것이 확인되면, 세무 당국은 그 나라에 돈의 출처와 정보를 확인해 줄 것을 공식 요청할 수 있거든요. 그런데 조세 피난처에는 이게 잘 안 먹혀요.

"대한민국 국세청입니다. 수상한 돈이 그쪽으로 흘러 들어갔습니다. 조사를 부탁드립니다."

"어렵겠군요. 우리는 고객의 비밀을 지킬 의무가 있거든요."

조세 피난처는 좀처럼 협조를 해 주지 않아요. 왜냐하면 해외에서 들어오는 돈이 그 나라의 밥줄이기 때문이에요. 조세 피난처는 세금을 거의 징수하지 않는 대신, 매년 일정한 금액의 수수료를 고객으로부터 받아 막대한 수입을 올려요. 고객 정보를 술술 불어 버리면, 누구도 이곳에 자금을 은닉하려고 하지 않을 거예요. 그래도 끈질기게 계속 요청이 들어오면 "알았수, 기다려 보슈." 하며 조사하는 척 시늉만 내고는 1년이고 2년이고 시간을 질질 끌어요. 고객들이 다른 곳으로 돈을 빼돌릴 충분한 시간을 벌어다 주는 거예요. 지구상에 조세 피난처는 얼마든지 있어요. 카리브 해안에는 영국령 버진 아일랜드, 버뮤다, 바하마가 있고, 유럽에는 룩셈부르크, 리히텐슈타인, 아일랜드가, 아시아에는 홍콩과 싱가포르가 있어요. 2020년 기준, 지구상에는 최소 70개 이상의 조세 피난처가 있는 것으로 파악되고 있어요.

전문가들은 세계 무역 거래의 절반이 이 조세 피난처를 경유하고 있고, 세계 총자산의 3분의 1이 이곳에 은닉되어 있다고 분석하고 있어요. 미국은 조세 피난처를 이용한 탈세로 매년 1000억 달러 이상의 세금 손실을 입고 있어요.

오늘날 전 세계는 탈세로 골머리를 앓고 있어요. 유럽연합은 매년 탈세로 입은 세금 손실이 약 1조 유로인데, 이는 유럽연합 전체 경제 규모의 20퍼센트에 달하는 금액이에요. 미국은 탈세로 걷지 못한 세금이 매년 GDP(국민총생산)의 8퍼센트에 달해요. 전 세계 탈세 금액은 매년 3400조가 넘는 것으로 추정되고 있어요.

탈세는 국가의 재정을 좀먹을 뿐만 아니라 건전한 시민 의식마저 병들게 해요. 탈세로 구멍 난 세금 수입은 다른 국민이 메워야 하고, 결국 성실하게 세금을 내는 사람만 박탈감을 느끼게 될 테니까요.

선박 강국 파나마의 비밀

국제법에서 모든 선박은 등록된 국가의 국기를 게양하도록 하고 있어요. 먼바다를 오가는 유조선, 유람선, 컨테이너선 등에 국기란 여권의 역할을 하기 때문이에요. 전 세계 선박 5척 중 1척은 파나마 운하로 유명한 파나마 국기를 달고 있어요. 파나마 국적 선박은 대략 9000척 정도예요. 배에 짐을 실을 수 있는 선복량 기준에서 파나마는 세계 1위의 선박 국가예요. 그런데 파나마가 실제로 보유한 선박은 200척도 되지 않아요. 파나마 국기를 게양한 선박들 대부분은 외국인 소유이기 때문이에요.

해양법에 따르면, 모든 선박은 하나의 국가에 등록해야 해요. 그런데 선박 소유주(해운회사)가 한국인이라고 해서 선박도 반드시 한국 국적을 따라야 할 필요는 없어요. 선박 회사는 자유롭게 자신이 원하는 국가에 선박을 등록할 수 있어요. 심지어 바다가 없는 내륙 국가 몽골에도 280대 이상의 선박이 등록되어 있어요. 이것을 편의 치적제라고 해요.

편의 치적 국가 1, 2, 3위는 파나마, 서아프리카의 라이베리아, 태평양의 마셜 제도예요. 전 세계 선박 40퍼센트 이상이 이 세 나라에 등록되어 있고, 우리나라도 톤수 기준으로 선박의 84퍼센트가 파나마를 포함 외국에 국적을 두고 있어요.

왜 선박 회사들은 굳이 다른 나라에 국적을 등록할까요? 가장 큰 이유는 세금 때문이에요. 파나마는 선박 회사가 번 소득에 세금을 부과하지 않아요. 등록할 때 내는 등록세와 매년 연회비 성격을 띠는 약간의 세금만 내면 끝이에요. 등록을 원하는 배의 숫자가 워낙 많다 보니 그것만으로도 이들 국가는 적지 않은 수입을 올릴 수 있어요. 또 이들 나라는 선박 관리 규정이 매우 허술해요. 배가 낡았으니 수리를 해라, 안전에 문제가 있으니 점검해라 등등의 간섭도 하지 않아요. 그럴 의지도 없고, 그럴 능력도 없어요. 자신들은 단지 돈 받고 국적을 빌려 주는 것뿐이니까요.

하지만 이런 느슨한 선박 관리가 종종 대형 해양 사고로 이어지곤 해요. 2017년 3월 17일, 철광석을 잔뜩 싣고 가던 스텔라 데이지호는 무게를 견디지 못해 침몰해 22명의 선원이 실종되었어요. 이 배는 1993년에 건조된 노후 선박으로 소유주는 한국 회사였어요. 하지만 한국 정부는 사고 초기 제대로 조사를 할 수 없었어요. 스텔라 데이지호는 마셜 제도에 등록된 편의 치적선이어서 조사권은 마셜 제도에 있었기 때문이에요. 게다가 일부 선박 회사들은 편의 치적국의 세금 제도를 노려 탈세하기도 해요.

Chapter 5
국가는 세금을 어떻게 사용할까?

2020년 3월 24일. 미래는 오늘도 8시 50분에 출근했다. 평소와 다름없는 아침이지만, 서류를 작성하는 미래의 손놀림은 경쾌했다. 괜히 실실 웃음도 나왔다. 팀장님이 이상하다는 듯 말했다.

"미래 씨, 뭐 좋은 일이라도 있어?"

"아이참, 팀장님, 오늘이 그날이잖아요?"

"오늘? 아아, 그렇군."

팀장님은 알겠다는 듯 고개를 끄덕였다. 어제까지는 세금을 내기 위해 일했다면, 오늘부터 연말까지는 진정으로 자신을 위해 돈을 버는 시간이다. 오늘은 세금 해방일이다.

오늘날 많은 국가는 매년 세금 해방일을 지정하고 있다. 국가가 징수한 세금의 합계를 국민 순소득과 365일로 연달아 두 번 나누면 세금 해방일이 계산된다. 2020년 대한민국의 세금 해방일은 3월 24일이다. 새해가 시작되고 83일째까지는 오로지 세금을 위해 일했다는 뜻이다. 세금 해방일은 세금이 높은 국가일수록 늦어진다. 한국은 보통 3월이지만, 미국은 4월, 캐나다는 5월, 세금이 높기로 유명한 북유럽 국가들의 세금 해방일은 7월이다. 소득의 절반 이상을 세금으로 낸 셈이다. 문득, 미래는 이런 생각이 들었다.

'그나저나 국가는 내 피 같은 돈을 세금으로 거둬 제대로 사용하고 있을까?'

국세와 지방세

우리나라에는 모두 25개의 세금이 있어요. 국세가 14개이고 지방세가 11개예요. 국세는 중앙 정부에 내는 세금인데, 국경을 경계로 다시 내국세와 관세로 나누어져요. 내국세는 국내에 거주하는 사람과 거래에 부과하는 세금으로 국세청에서 징수해요. 관세는 외국에서 수입하는 물품에 부과하는 세금으로 징수 기관은 관세청이에요. 국세청과 관세청은 각각 거둔 세금을 다시 한국은행에 있는 정부 계좌에 넣어요. 이 계좌에 모인 돈을 우리는 국세라고 부른답니다.

지방세는 자신이 거주하는 지역에 내는 세금을 말해요. 세금을 둘로 구분하는 까닭은, 우리나라는 지방 자치 제도를 실시하는 나라이기 때문이에요.

'나는 서울에 거주하니까 국세를 내겠지?'라고 생각하는 사람들이 간혹 있어요. 세금에서는 서울도 지방으로 분류해요. 예를 들어, 지방세의 하나인 주민세를 낼 때, 서울 시민은 서울 시청에, 칠곡 군민은 칠곡 군청에 각각 주민세를 낸답니다.

중앙 정부는 통일, 외교, 국방, 물가 정책 등 전 국민에게 영향을 미치는 일을 해요. 반면 지방 정부는 수도와 하수도를 건설 및 관리하고, 학교와 도서관, 박물관을 짓는 등 지역 주민과 관련된 사업에 지방세를 사용해요. 그런데 이 많은 일을 하려면 지방세로는 턱없이 부족해요. 지방세로 걷힌 세금은 중앙 정부가 걷는 국세의 20퍼센트에 불과하거든요.

2019년 기준, 세금 징수액 랭킹 1, 2, 3위는 소득세, 법인세, 부가가치세, 이 셋이에요. 모두 국세예요. 이 세 가지 세금이 전체 국세의 80퍼센트 이상을 차지해요. 소득세 하나가 11개 지방세를 합한 것보다 많아요. 알토란 같은 세금들이 국세에 몰려 있다 보니, 국세와 지방세는 액수에서 현격한 차이를 보여요.

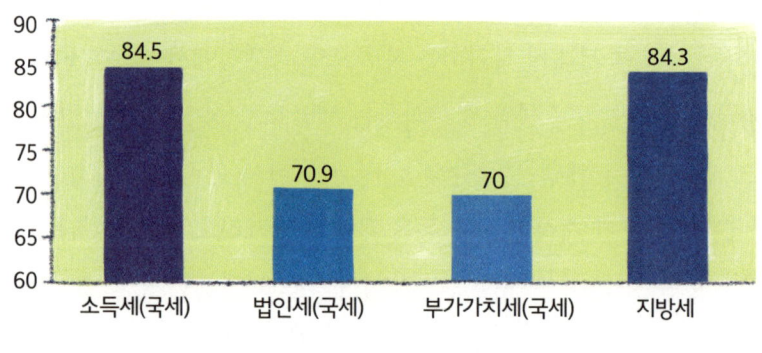

2018년 세금(단위는 조 원)

지방 정부 간에도 빈부 격차가 심해요. 인구와 일자리가 많은 대도시는 지방세가 많이 걷혀서 비교적 여유롭지만, 딱히 내세울 만한 산업이 없어 인구가 지속적으로 감소하는 시골은 재정 상태가 열악해요. 그래서 중앙 정부는 걷힌 국세에서 약 40퍼센트를 뚝 잘라 지방 정부에 지원해요. 국세와 지방세에 속한 세금들을 정리하면 다음과 같아요.

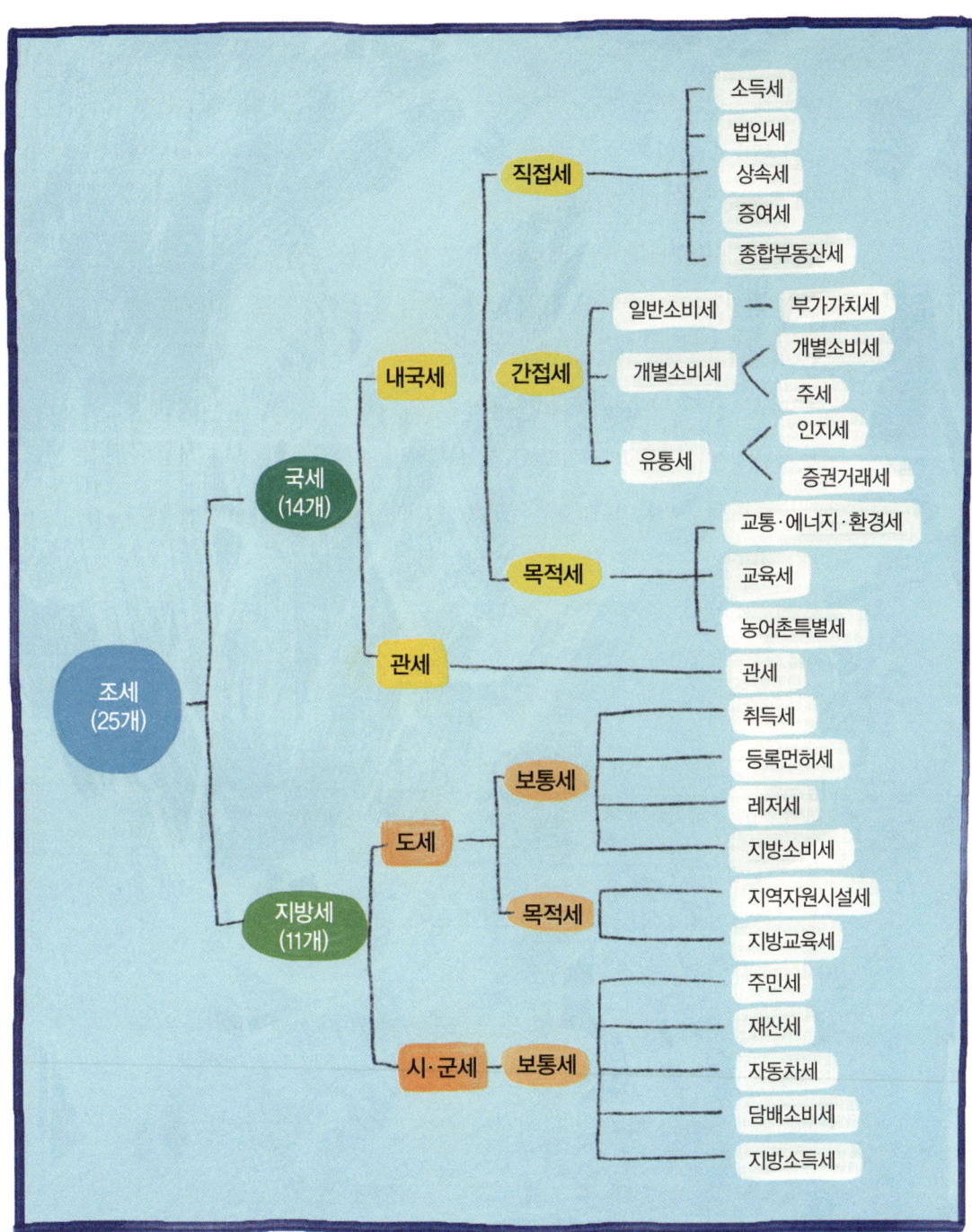

먼저 **국세**를 살펴볼까요.
- 소득세 : 근로자의 월급, 장사하는 자영업자의 소득에 붙는 세금.
- 법인세 : 주식회사와 같은 영리법인과 사립학교와 같은 비영리법인이 소득을 냈을 때 부과할 세금.
- 상속세 : 사망자로부터 재산을 물려받을 때 내는 세금.
- 증여세 : 살아 있는 사람으로부터 아무 대가 없이 재산을 받을 때 내는 세금.
- 종합부동산세 : 토지와 주택과 같은 부동산의 소유자가 내는 세금.
- 부가가치세 : 사고파는 물품의 정가에 10퍼센트를 부과하는 세금.
- 개별소비세 : 보석이나 명품 가방 등 값비싼 물품을 구입하거나 카지노, 경마장, 골프장을 출입할 때 내는 세금.
- 주세 : 소주, 맥주, 양주 등 술에 붙는 세금.
- 인지세 : 행정서류에 부착하는 우표 모양의 증명세금.
- 증권거래세 : 주식을 팔 때 내는 세금.
- 교육세 : 교육에 필요한 재원을 마련하기 위한 세금.
- 교통·에너지·환경세 : 교통 시설, 에너지 관련 사업, 환경 개선을 위해 걷는 세금.
- 농어촌특별세 : 농어촌 발전을 위해 걷는 세금.

지방세에는 다음과 같은 것들이 있어요.
- 보통세 : 치안, 복지, 공무원 월급, 도로 및 교육 시설 건설 등을 위해 걷는 세금.
- 목적세 : 교육과 지역 자원 시설에 대한 투자처럼 특별한 목적을 두

고 걷는 세금.
- 취득세 : 부동산, 자동차, 골프 회원권을 구입할 때 내는 세금.
- 등록면허세 : 부동산, 배, 자동차 등의 재산을 등록할 때와 운전 면허증 및 각종 사업 면허를 낼 때 내는 세금.
- 레저세 : 경마의 승마 투표권, 경륜 승자 투표권 등 경기 투표권을 파는 사업자가 푯값에서 10퍼센트를 내는 세금.
- 지방소비세 : 국세로 걷은 부가가치세의 일정 비율을 낸 판매자가 거주한 지방 정부에 돌려주는 세금.
- 지방교육세 : 지방 교육에 필요한 재원 마련을 위해 걷는 세금.
- 지역자원시설세 : 소방 시설, 오물 처리 시설에 투자하기 위해 물 판매업자나 광산업자에 부과하는 세금.
- 담배소비세 : 담뱃값에 포함된 세금으로 4500원 담배의 경우 담배 소비세가 1007원이에요.
- 주민세 : 해당 지역에 거주하는 주민이 내는 세금.
- 지방소득세 : 국세로 내는 소득세의 10퍼센트를 다시 지방 정부에 내는 세금.
- 재산세 : 집, 상가, 빌딩, 땅, 비행기 등을 보유한 사람에게 부과하는 세금.
- 자동차세 : 자동차 소유자가 내는 세금으로, 배기량이 많을수록 세금도 많아져요.

주민세를 내주시면 선물을 드립니다

일본에도 한국처럼 세금 부족으로 허덕이는 지방 도시들이 많아요. 그래서 일본 정부는 2008년 후루사토(고향) 납세라는 기발한 세금을 만들었어요. 주민세는 자신이 거주하는 지역에만 내는 세금이지만, 일본 정부는 주민세 일부는 사는 곳에 내고, 나머지는 세금이 제대로 걷히지 않는 지방에 기부금처럼 낼 수 있도록 했어요. 예를 들어, 도쿄에 사는 시민이 홋카이도 유바리 시에 주민세를 내는 거예요. 그럼 해당 지방은 답례로 명란젓이라든가 양갱, 고구마 소주 등의 지역 특산물을 선물로 줬어요.

반응은 뜨거웠어요. 납세자들은 어차피 낼 세금인데 선물까지 받으니 좋고, 재정난에 시달리던 지역은 세금이 늘어나서 기뻤어요. 특산물이 전국에 소개되어 지방 경제가 활성화된 것은 덤이었어요. 지방 도시들은 너도나도 주민세 유치 경쟁에 뛰어들었고 경쟁은 차츰 과열되었어요. 지방 도시들은 카메라, 맥주, 콜라, 생수 등등 특산물과 상관없는 물건들까지 선물로 주기 시작했어요.

"뭐? 오카야마 시가 차량용 블랙박스를 준다고? 그럼 우린 게임기다!"

"그깟 게임기, 우리 지역은 최고급 소고기를 준다고!"

압권은 오사카의 중소 도시 이즈미사노 시였어요. 인구 10만 명의 이 작은 도시는 주민세를 내주는 사람에게는 낸 금액의 30퍼센트를 온라인 쇼핑회사 아마존에서 쓸 수 있는 기프트 카드로 돌려주겠다는 폭탄 선언을 했어요. 어느덧 고향 납세 제도는 세금을 아끼는 절세 상품 혹은 캐시백 성격을 띠고 있었어요. 귀가 솔깃해진 일본인들은 우르르 이즈미사노 시에 주민세를 냈어요. 2018년 이즈미사노 시는 408억 엔(약 3600억 원)의 세금을 징수했어요.

일본 정부는 곤혹스러웠어요. 고향 납세는 이러자고 시작한 제도가 아니라 지역 간 불균형을 해소하고자 만든 것인데 말이에요. 특정 지역이 주민세를 싹쓸이하자 일본 정부는 제재를 가했어요. 일본 정부는 앞으로 이즈미사노 시를 고향 납세 납부 지역에서 제외하겠다고 발표했어요. 이즈미사노 시는 코웃음을 쳤어요. "웃기네? 무슨 근거로?" 하며 순순히 물러날 기색이 아니었어요.

일본 정부와 이즈미사노 시는 재판에서 맞붙었어요. 1심에서는 일본 정부가 이겼어요. 이즈미사노 시는 불복하고 고등법원에 제소했어요. 고등법원에서도 일본 정부가 또 승소했어요. 이즈미사노 시는 그래도 포기하지 않고 대법원까지 재판을 끌고 갔어요. 대법원은 1심과 2심의 판결을 뒤엎고 이즈미사노 시의 손을 들어줬어요. 부작용이 있기는 했지만, 일본의 고향 납세 제도는 잘만 활용하면 재정난에 시달리는 지역에 큰 도움을 줄 수 있는 제도예요. 현재 우리나라도 현재 이 고향 납세 제도를 도입하는 것을 두고 진지하게 검토 중이에요.

국세에서 관세가 차지하는 비중은 왜 낮을까?

2018년 우리나라는 약 293조 원의 국세가 걷혔어요. 그중 관세 수입은 약 8.8조 원으로 국세 전체의 3퍼센트 정도예요. 예전에는 이렇게 적지 않았어요. 40년 전까지만 해도, 국세에서 관세가 차지하는 비중은 13퍼센트 이상이었어요.

오늘날 한국은 최고 수준의 반도체와 스마트폰과 석유화학 제품을 생산하는 제조업 강국이지만, 1980년대만 해도 국산품의 질은 썩 좋지 않았어요. 그래서 국민들은 미제니 일제니 하는 수입 제품을 선호했어요. 국민들이 너도나도 수입품을 사 버리면 국내의 돈이 외국으로 빠져나가 무역 수지는 적자가 되고, 국내 산업은 더욱 설 자리를 잃어요. 우리 정부는 수입품 소비를 억제하고 국내 산업을 보호하려고 높은 관세를 매겼어요. 이렇게 관세를 이용해 자국 산업을 보호하는 정책을 보호 무역이라고 부른답니다.

그런데 한 나라가 관세를 부과하면 상대방 국가도 관세로 맞대응하는 게 국제 무역의 관례예요. 하지만 미국, 유럽 등 선진국들은 한국 수출품에 높은 관세를 매기지 않았어요. 강자의 관용이었어요.

하지만 우리 경제가 고도성장을 이루면서 국제사회의 시선은 싸늘하게 변했어요. 더 이상 한국에 관대할 이유가 없었어요. 게다가 당시 세계 무역의 흐름은 관세를 줄이거나 없애는 자유 무역으로 가고 있었어요. 특히 특정 국가와 일대일로 협상을 맺어 자유 무역을 하는 FTA(Free Trade Agreement, 자유 무역 협정)가 대세였어요. 국제사회의 압력을 거부할 수 없던 한국도 많은 국가와 FTA를 체결했고 자연스럽게 관세의 비중도 점점 낮아졌답니다.

예산은 어떻게 만들어질까?

해마다 4월이 되면, 기획재정부 직원들은 슬슬 바빠져요. 기획재정부는 우리나라 경제를 책임지는 정부 기관이에요. 기획재정부는 미리미리 1년 전부터 내년도 나라 살림 계획을 수립해요. 내년에 걷힐 세금을 얼마이고, 그 돈을 어디에, 어떻게, 얼마나 쓸지를 예상해요. 이런 나라 살림 계획을 예산이라고 부른답니다.

대한민국 정부 기관에는 통일부, 국방부, 문화체육관광부 등등 서로 다른 일을 하는 정부 부처들이 있고 기획재정부는 그들에게 내년 계획에 대한 의견을 들어요.

국방부 : 군인 월급을 2배로 올려 주고 싶어요. 그럼 군인들이 기뻐해서 군의 사기가 팍 올라갈 거예요. 아, 참! 신형 전투기도 미국에서 두 대쯤 구입하면 좋겠는데….

보건복지부 : 힘들게 사는 노인들에게 지급하는 기초노령연금을 5만 원 더 올렸으면 좋겠어요.

기획재정부는 여러 정부 부처에서 올라온 의견을 바탕으로 예산안을 만들어 국회에 제출해요. 예산안 작성은 기획재정부의 권리지만,

그것을 승인하는 곳은 국회이거든요. 국회는 예산안을 꼼꼼히 검토하기 시작해요.

"뭐? 군인 월급을 2배로 인상하겠다고? 군의 사기 진작도 좋지만, 그래도 이거 너무 많은 거 아냐? 20퍼센트 상승이 좋겠군."

이렇게 국회는 금액이 과하다고 생각되는 부분은 덜어 내요.

"기초노령연금을 5만 원 더 올리자고…. 흠, 그걸로 되겠어? 한 10만 원쯤 올려!"

이건 안 돼요. 국회는 예산안의 금액을 깎을 수는 있으나 올리지는 못해요. 금액을 올리는 권한은 오직 정부만 갖고 있어요. 단, 정부가 동의하면 올릴 수 있어요. 이렇게 모든 검토와 심사가 끝나면 국회는 본회의에서 표결을 시작해요. 국회 재적 의원 과반수가 출석해 과반수가 찬성하면 예산안은 통과가 된답니다.

예산안이 확정되었다고 해서 모든 게 끝난 건 아니에요. 예산안이란, 말 그대로 1년 후를 예측해 정부가 세운 계획일 뿐이에요. 당장 내일 일도 알 수 없는 게 우리 삶이에요. 누구도 예상하지 못했던 세계적인 경기 침체, 태풍, 홍수 등의 천재지변, 코로나19 같은 대규모 전염병이 창궐하면 정부는 이재민을 돕고, 방역하고, 경제를 살리기 위해 추가 지출을 해야 해요. 하지만 내년도 예산안은 이미 통과되었고 쓸 돈은 이미 정해져 버렸어요. 정부는 급히 추가적인 예산안을 편성해 국회에 제출해요. 이것을 추가경정예산, 줄여서 추경이라고 부른답니다.

세금만으로는 부족해

정부는 2021년에 대략 282조 원의 국세가 걷힐 것으로 전망했어요. 근거는 경제성장률이에요. 경제가 좋아지면 국민과 기업의 소득이 증가하고 소비도 늘어나므로 세금을 많이 걷을 수 있어요. 반대로 경제성장률이 낮을 것으로 전망되면, 예상 징수액은 줄어든답니다.

그런데 정부는 2021년 예산을 역대 최고액인 558조 원이라고 발표했어요. 국세 282조 원만으로는 558조 원이라는 지출을 감당하지 못해요. 그래서 정부는 국세 외에도 국민연금, 국민건강보험, 과학기술 발전기금 등에 잔뜩 쌓아 놓은 기금을 끌어서 사용해요. 이런 기금들을 합하면 대략 150조 원이 넘어요. 둘을 합해도 여전히 모자라요. 남은 방법은 빌리는 거예요.

첫 번째는 은행에서 빌리는 것이에요. 번호표 뽑고 기다리는 시중 은행이 아니에요. 동전과 지폐를 발행하는 발권 은행이자 은행 중의 은행이라 불리는 한국은행에서 빌려요. 한국은행은 독특한 은행이에요. 시민들은 예금할 수도 없고, 돈을 빌릴 수도 없어요. 하지만 정부는 한국은행에

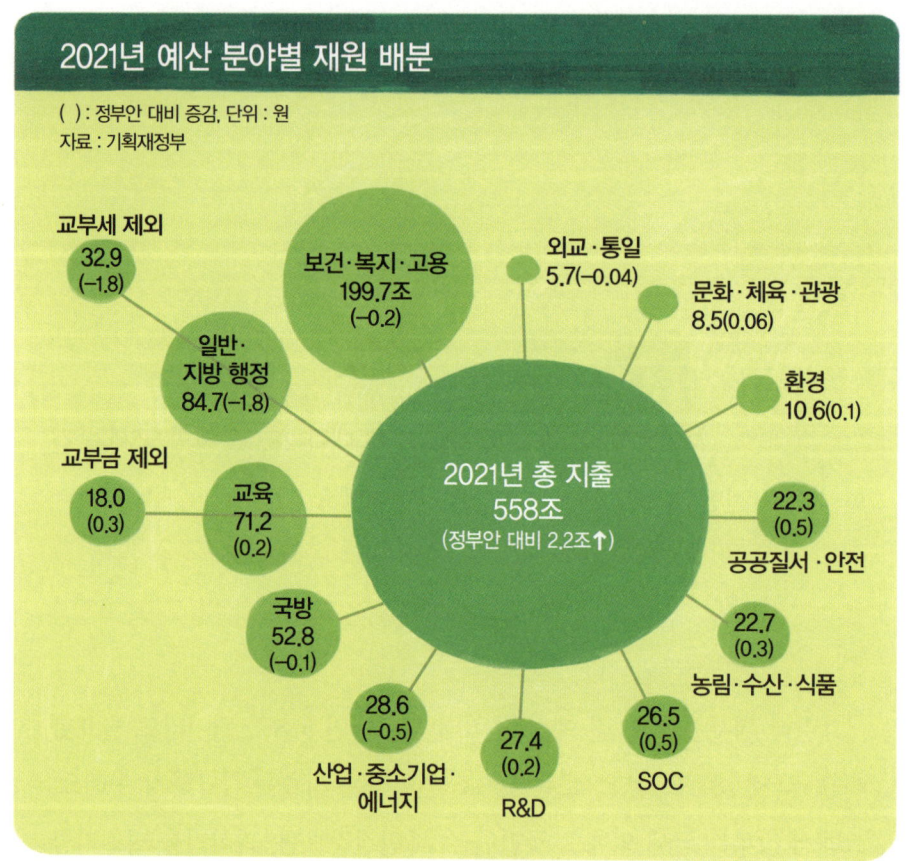

자유롭게 출입할 수 있고, 돈도 빌릴 수 있어요. 그래서 한국은행을 정부의 은행이라고 부른답니다. 정부가 한국은행에 빌리는 돈을 차입금이라고 불러요.

두 번째 방법은 국채의 하나인 재정증권을 발행하는 것이에요. 국채란 국가가 발행하는 채권이란 뜻인데, 채권이란 돈을 빌릴 때 언제까지 갚겠다고 약속하는 일종의 차용증서라고 볼 수 있어요. 재정증권은

2021년 예산 증감액 규모

자료 : 기획재정부

556조 원 (기존 정부안) → [12월 2일 본회의 통과] 558조 원 (여야 수정안)

순증액 +2.2조 원
(재원 조달 위한 추가 국채 발행 3조 5천억 원)

증액 규모 8.1조 원(실질금액 7.5조*)

코로나 맞춤형 피해 지원	3조 원
감염병 대응역량 극대화	1조 원
서민·중산층 주거 안정	0.7조 원
2050 탄소중립 기반 조성	0.3조 원
보육·돌봄 지원 강화	0.3조 원
필수노동자 일자리 유지·확충	0.3조 원
취약계층 및 보훈 지원 강화	0.1조 원
지역경제 및 중기·소상공인 지원	0.2조 원
농업 피해 예방 경감	0.2조 원
기타 민생·지역 현안 대응	1.4조 원

감액 규모 5.9조 원(실질금액 5.3조*)
한국판 뉴딜 사업 관련 예산 일부 포함

*정부 예산안 제출한 뒤 질병관리본부가 질병관리청으로 승격한 요인 등으로 6천억 원씩 증액·감액 요인 발생

국가에 일시적으로 자금 부족이 발생할 때 발행하는 채권이에요. 이런 국채는 일반인도 살 수 있지만 대부분 은행이나 증권사 같은 대형 금융기관들이 구매해요. 이렇게 해서 정부는 모자라는 돈을 확보할 수 있답니다.

그런데 차입금이나 국채는 국가가 언젠가 반드시 갚아야 할 빚이에요. 이것을 국가 채무라고 불러요. 사실 국가 채무 자체는 큰 문제가 되지 않아요. 오늘

날 국가 채무가 없는 국가는 거의 찾아볼 수 없어요. 다만, 국가 채무가 과도하면 이자를 그만큼 많이 내야 하므로 국가 재정에 좋지 않아요.

그럼 어떤 예산이 있는지 분야별로 한번 살펴볼까요.

- 보건·복지·고용 예산 : 의료 서비스를 강화하고, 사회의 사각지대에서 힘들게 사는 사람들에게 혜택을 늘리고, 더 많은 일자리를 만드는 데 필요한 돈이에요.
- 일반 지방 행정 예산 : 공무원의 급여와 각종 정부 조직의 시설 운영과 지방 정부를 지원하는 데 쓰는 돈을 말해요.
- 교육 예산 : 의무 교육과 각급 학교의 교육 시설, 국민의 평생 교육 및 직업 교육에 사용되는 지출을 말해요.
- 국방 예산 : 군대를 유지하고 군사 장비와 시설 등을 마련하는 데 필요한 돈이에요.
- 에스오시(SOC) 예산 : SOC는 소셜 오버헤드 캐피털(Social Overhead Capital)의 약자로 사회 간접 자본이란 뜻이에요. 생산 활동과 소비 활동을 직간접적으로 지원하는 자본으로, 도로, 항만, 공항, 철도 등의 교통 시설과 전기, 통신, 상하수도, 댐, 공업단지, 하천, 해수 그리고 사법, 교육 등의 사회제도를 말해요.

"우리 세금은 우리가 결정한다!" 포르투알레그리의 주민 참여 예산제

오늘날 대부분 국가는 국민이 선거로 뽑은 대표자가 정치하는 시스템을 갖고 있어요. 이것을 간접 민주주의라고 불러요. 간접 민주주의는 국민의 뜻이 정책에 제대로 반영되지 않는 단점이 있어요. 내가 뽑은 정치인이 내 생각과 늘 같지는 않기 때문이에요. 그래서 오늘날 많은 국가는 간접 민주주의의 단점을 보완하기 위해 정책을 결정할 때 국민의 의사를 반영하는 제도를 시행하고 있어요. 예산을 결정할 때도 국민이 참여할 수 있게 했어요. 이것을 주민 참여 예산제라고 불러요.

주민 참여 예산제가 처음 시행된 곳은 브라질의 포르투알레그리 시예요. 한때 이 도시는 빈부 격차가 심한 곳이었어요. 인구의 30퍼센트 이상이 충분한 수도를 공급받지 못했고 하수 시설이 부족해 거리는 쓰레기와 오물이 넘쳐났고 악취가 진동했어요. 교육 시설도 턱없이 모자랐어요. 시민들은 자신들이 낸 세금이 꼭 필요한 곳에 쓰이지 못한다고 불만을 터뜨렸어요.

1988년, 신임 시장 올리비우 두트라는 시의 예산을 정할 때 주민들이 참여할 수 있도록 했어요. 주민이 직접 참여하는 참여 예산 기구를 만들어 시 행정부를 통해 예산안을 편성하면 시의회가 심의하고 의결하는 방식이었어요. 그동안 세금을 눈먼 돈처럼 생각하며 계획 없이 펑펑 쓰던 정치인과 관리들은 바짝 긴장했어요. 시민들은 자신들이 낸 세금이 허투루 쓰이는 것을 용납하지 않았거든요. 그 결과 78퍼센트였던 수도 공급률은 98퍼센트로 늘어났고 하수 처리 구역도 46퍼센트에서 98퍼센트로 증가했어요. 또 1988년 26개였던 공립학교 숫자도 86개로 늘어났어요. 가장 가치 있는 성과는 시민들의 권리 의식 성장이에요. 주민들은 자신의 목소리가 정책에 반영된다는 것을 체감하면서 자신이 진정한 국가의 주인이라는 것을 깨달았어요.

포르투알레그리 시의 주민 참여 예산제가 성공하자 브라질은 물론 세계의 도시들도 이 제도를 도입하기 시작했어요. 우리나라도 2011년부터 참여 예산 제도를 시행하고 있어요.